AF559328

DAYTRADING FÜR EINSTEIGER

Das Grundlagen Buch zum Trading mit Aktien, CFD, ETF & Forex! Schritt für Schritt zum Profi durch technische Analyse. Intelligent investieren & Geld verdienen

INHALT

Einleitung

Sie möchten wissen, was Daytrading ist? Sie haben sich schon immer für diese beeindruckende Welt der Börse interessiert? Dann sollten Sie unbedingt diesen Ratgeber lesen. Als Daytrading bezeichnet man den kurzfristigen Handel an der Börse. In diesem Vorgang versuchen Trader, die Schwankungsbreiten von Börsenkursen auszunutzen. Viele Menschen denken, dass man als Daytrader ein Zocker ist. Sie vergleichen den Handel mit Wetten und sehen die Börse als eine Art Casino. Das ist allerdings ein sehr großer Irrglaube, denn hinter dem Handel an der Börse steckt mehr als nur ein Glücksspiel. Daytrader sind stets auf der Suche nach rentablen Kursschwankungen und versuchen, von ihnen zu profitieren. Es stimmt, dass viele Spekulationen mit Aktien, Devisen oder Futures aufkommen, aber hinter diesen Spekulationen steckt jede Menge Arbeit.

Als Daytrader müssen Sie bereit sein, jeden Tag zu handeln und Transaktionen zu tätigen, um am Ende einer Woche mit einem Gewinn abschließen zu können. Für Anfänger ist professionelles Daytrading eine aufwendige Prozedur. Es muss ein Trading-Plan erstellt, eine Trading-Strategie ausgearbeitet und viel Disziplin bewiesen werden. Ohne Geduld und Disziplin kann man in diesem Geschäft nämlich äußerst wenig erreichen. Ein Daytrader handelt, anders als normale Trader, in einer sehr kurzen Zeit. Er eröffnet Positionen und ein paar Minuten oder Stunden später schließt er diese Positionen auch schon wieder. Manchmal kann es sogar sein, dass es auf ein paar Sekunden ankommt.

Hört sich nach einem spannenden Business an? Ist es auch! Im Daytrading spielen die Kursentwicklungen die wichtigste Rolle. Allerdings können diese Kursentwicklungen auch sehr anfällig sein. Werden zum Beispiel negative Nachrichten veröffentlicht, können diese die Kursentwicklungen stark beeinflussen. Sie merken schon, dass man als Daytrader einem sehr hohen Verlustrisiko ausgesetzt ist. Aus diesem Grund fragen Sie sich bestimmt, ob Daytrading überhaupt ein richtiger Beruf ist.

Schon einmal vorab: Es kann als echter Beruf angesehen werden! Doch wieso sind für das Daytrading weder Ausbildung noch Studium nötig? Wieso erwartet der Beruf eines Daytraders so viel Wissen, jedoch keinerlei berufliche Qualifikation? Was macht dieses Hobby, den Beruf oder auch den Zeitvertreib so interessant und wie kann man damit starten, wenn man keine Ahnung von der ganzen Thematik hat? Diese und noch viele weitere Fragen werden in diesem Ratgeber für Anfänger beantwortet.

Grundlagen

Um an der Börse bestehen zu können, ist es wichtig, einige Grundlagen kennenzulernen. Viele Anfänger stürzen sich beim Daytrading in das Geschäft, ohne sich vorher gut vorzubereiten. Leider sind diese dann auch nicht sonderlich erfolgreich. Das nachfolgende Kapitel ist wichtig, damit Sie erfolgreich sind.

GRUNDLEGENDE INFORMATIONEN ZUR BÖRSE

An der Börse handelt man mit Aktien, Rohstoffen wie Gold und Silber, Anleihen und Zinsen. Die Preise variieren an der Börse sehr stark, sodass es vorab keine festgelegten Preise gibt. Doch wer kann an der Börse einkaufen? Jeder kann an der Börse als Käufer oder Verkäufer antreten. Jeder kann also, meist auf dem elektronischen Weg, am Börsenhandel teilnehmen. Wurden Aktien früher noch in physischer Form überbracht, werden sie heutzutage nur noch virtuell gehandelt. Damit alles fair und transparent zugeht, gibt es feste Regeln und Unternehmen, die die Transaktionen an der Börse überwachen. Im Grunde genommen ist die Börse nichts anderes als ein Markt, an dem Kauf- und Verkaufsangebote über Dritte zusammengebracht und abgewickelt werden.

Für Unwissende sind Aktien so eine Art Lotterie. Hat man eventuell etwas Glück, dann bekommt man sofort den Hauptgewinn. Ist vielleicht ein wenig Pech im Spiel, kann man jedoch auch ganz schnell wieder alles verlieren. Doch für Wissende ist die Börse definitiv kein Glücksspiel. Hinter dem Handel mit Aktien steckt mehr, als die Unwissenden denken. Erwirbt jemand eine Aktie, dann wird er theoretisch ein Unternehmer, eine Aktie ist nämlich ein Anteil an einem Unternehmen. Wer einen Anteil eines Unternehmens kauft, wird zum Mit-Eigentümer der Gesellschaft, ihm gehört also ein kleines Stück vom großen Kuchen, also ein bisschen vom Fabrikgelände, ein Bruchteil der Maschinen und sogar einige der produzierten Waren. Eine Aktie attestiert den Wert dieses Unternehmensanteils, aus diesem Grund nennt man sie auch Wertpapier.

Doch wie kann man nun mit einer Aktie Geld verdienen? Wenn es dem Unternehmen – von dem man Aktien gekauft hat – gut geht, bekommt der Aktionär vom Verdienst einen Teil ab. Der Aktionär wird also am Erfolg des Unternehmens beteiligt. Dem Mit-Eigentümer wird dementsprechend einmal im Jahr ein Teil des erwirtschafteten Gewinns ausgezahlt – eine Dividende. Geht es dem Unternehmen wirtschaftlich gesehen immer besser, werden auch die Aktien der Firmen begehrter, sodass der Kurs der Aktien des Unternehmens ansteigt.

Natürlich muss man auch die schlechten Zeiten beachten. Laufen die Geschäfte des Unternehmens schlechter, bekommt das natürlich auch der Aktionär mit. Sinken die Gewinne, wird möglicherweise auch die Auszahlung gekürzt. Fährt das Unternehmen vielleicht sogar Verluste ein, stellen die Aktien des Unternehmens eher eine unbeliebte Investition dar. Der Umkehrschluss: Der Aktienkurs sinkt.

Wie Sie merken, hat die Börse wenig mit einer Lotterie gemeinsam. Der Aktionär sitzt also in der gleichen Achterbahn wie das Unternehmen und erlebt das wirtschaftliche Auf und Ab in jedem Moment mit. Natürlich hat der Aktionär auch einige Rechte. So darf er zum Beispiel einmal im Jahr an der Hauptversammlung teilnehmen und gemeinsam mit dem Anteilseigner entscheiden, was der nächste Schritt ist. Auch kann er Kritik an der Unternehmensführung äußern und mitentscheiden, wie viel als Dividende an ihn ausgezahlt werden soll.

Wie viel Geld muss der Aktionär aufwenden? Im Prinzip reicht schon eine einzige Aktie, um Aktionär zu werden. Er kann also selbst mit einer sehr geringen Summe Mitspracherecht besitzen. Klingt ziemlich einfach, oder? Für viele Menschen mag die Börse ein ziemliches Durcheinander sein, allerdings ist sie das nicht. Stellen Sie sich doch einen Markt vor. Sie sehen frisches Obst und Gemüse, welches zum Verkauf angeboten wird. Normalerweise hängt an jedem Produkt ein Preisschild, allerdings ist es auf so einem Markt auch möglich, zu handeln. Wenn die Leute sich langsam auf den Heimweg machen und die Händler ihre Produkte loswerden müssen, weil sie vielleicht am nächsten Tag schon nicht mehr gegessen werden können, verkaufen die Händler das Obst und

Gemüse möglicherweise zu einem günstigeren Preis. Das ist der typische Markt, aber so tickt auch die Börse. Je nach vorhandenem Angebot und dementsprechender Nachfrage wird der Preis ermittelt. Die Menschen, die an der Börse handeln, kaufen allerdings weniger Obst, dafür mehr Aktien, Rohstoffe, Schuldscheine, Nahrungsmittel wie Zucker und Kaffee oder sogar Strom ein.

An den Finanzmärkten werden die Abwicklungen von Händlern durchgeführt, sie müssen Regeln einhalten, welche einer strengen Überwachung von der deutschen Behörde und anderen speziellen Behörden unterliegen. Diese Behörden wollen einfach nur ausschließen, dass keine großen Schäden durch Betrüger entstehen. An der Börse geht es nämlich nur selten um Nahrungsmittel, größtenteils geht es um Anteile an wertvollen Unternehmen mit Arbeitsplätzen und sozialer Verantwortung.

Heutzutage sind Aktien nicht wirklich präsent beziehungsweise greifbar, das heißt, Wertpapiere wechseln nur noch virtuell den Besitzer. Vieles wird digital und elektronisch abgewickelt, sodass ein Wertpapier von einem Depot zum anderen wechselt. Der Kaufpreis wird also von einem Konto abgebucht und dem anderen Konto gutgeschrieben. An der Börse passiert vieles nur noch elektronisch. Früher haben sich die Aktionäre die Gegenstände ausliefern lassen, heute werden die Aktien aller Aktionäre innerhalb eines Unternehmens in einer einzelnen Sammelurkunde gesammelt und vermerkt. Diese Urkunde wird dann an einem neutralen Ort, der Wertpapiersammelstelle, gelagert.

Alle Transaktionen laufen nur noch über den Computer. Selbst die Aktienkurse werden elektronisch übermittelt. Der direkte Kontakt zwischen Käufer und Verkäufer findet mittlerweile nicht mehr statt. In Deutschland gibt es allerdings noch ein paar Börsen, wo die Makler direkt vor Ort zu finden sind, doch dieses System wird mit der Zeit an Bedeutung verlieren und letztendlich aus der Börse verdrängt werden.

WAS IST DAYTRADING?

Mit Daytrading meint man den Kauf und Verkauf von Finanzinstrumenten, die man innerhalb eines Tages tätigt. Man bezeichnet so also die Börsengeschäfte an einem einzelnen Tag. Werden diverse Positionen eröffnet oder gekauft und in nur wenigen Stunden, Minuten oder sogar Sekunden wieder geschlossen oder verkauft, nennt man diesen Vorgang Daytrading. Die Personen, die versuchen, mit schnellen Käufen und Verkäufen und geringen Kursveränderungen Gewinne zu erzielen, nennt man Daytrader. Der Daytrader ist also in dem Sinne der Anleger. Ein anderes Wort für das ultrakurze Trading in der Zeit von wenigen Stunden, Minuten oder Sekunden ist auch Scalping.

Nun stellen Sie sich vermutlich eine ganz wichtige Frage. Sie fragen sich mit Sicherheit, wieso es für einen Daytrader so wichtig ist, gekaufte Positionen am gleichen Tag wieder zu veräußern. Das ganze Spektakel dient einem besonderen Zweck, und zwar wollen die Daytrader vor allem schwer kalkulierbare Kursdifferenzen, sogenannte Gaps, verhindern. Diese Kurslücken entstehen nämlich genau dann, wenn die Positionen in der Nacht gehalten werden.

Meistens wird Daytrading mit hoch bewerteten derivativen Finanzprodukten betrieben, zum Beispiel in Form von CFD- und Forex-Trading. Beim CFD-Trading spricht man von einem Derivat. Das derivative Wertpapier ist ein Papier, dessen Wert oder, besser gesagt, dessen Wertentwicklung von der Entwicklung eines oder mehrerer Basiswerte abhängig ist. Man kann sich das ungefähr so vorstellen: Ein Derivat ist quasi wie ein Wettschein. Man spekuliert auf einen zukünftigen Kurs und fährt Gewinne ein, wenn man die Situation richtig eingeschätzt und analysiert hat. Wettet man zum Beispiel darauf, dass der Kurs in den nächsten Stunden rasant ansteigt und genau das Gegenteil trifft ein, dann kann es sein, dass man jede Menge Geld verliert.

Forex-Trading hat bestimmt jeder von Ihnen schon einmal betrieben. Wer schon einmal Geld umtauschen musste, weil im Urlaubsland eine andere Währung besteht, der ist schon einmal mit Forex-Trading in

Berührung gekommen. Der Forex-Markt wird auch als Währungs- und Devisenmarkt bezeichnet.

Wie werden also nun durch Daytrading mit derivativen Finanzprodukten Gewinne erzielt? In Form von CFD- und Forex-Trading kann man mit minimalen Kursdifferenzen enorme Gewinne einfahren. Allerdings muss man sich auch vor Augen halten, dass ebenso hohe Verluste entstehen können. Daytrader versuchen täglich, sich auf dem neuesten Stand zu halten. Dank der aktuellen Meldungen und anhand der charttechnischen Analysen können viele zukünftige Kursentwicklungen vermutet werden.

Wer wünscht sich nicht auch, schnell und viel Geld zu erwirtschaften? Eben das ist das verlockende am Daytrading. Doch nicht nur das zieht viele Menschen zum Daytrading. Auch Menschen, die den gewissen Nervenkitzel oder das Risiko suchen, zieht es zum Daytrading. Es ist eben ein krasser Gegensatz zum langfristigen Handel mit Wertpapieren. Beim Daytrading wird nicht in Aktien investiert, die man über viele Jahre behält. Doch gerade Börsenanfänger sollten vorsichtig beim Daytrading sein. Bei diesem Prinzip kann man neben den hohen Gewinnen eben auch schnell sehr hohe Verluste erleiden.

Diese Art der Geldanlage ist und bleibt eben sehr riskant, denn das Prinzip muss verstanden werden und das können nur erfahrene Anleger, die gewisse Risiken gut einschätzen können. Auch die Psyche kann beim Daytrading mit der Zeit in Mitleidenschaft gezogen werden, da wichtige Entscheidungen bezüglich Anlagen häufig und innerhalb kürzester Zeit getroffen werden müssen. Natürlich müssen auch einmal Fehlentscheidungen verkraftet werden. Um ein guter Daytrader zu werden, benötigt man also viel Erfahrung, Wissen, Nervenstärke und Durchhaltevermögen. Nur so kann langfristig gutes Geld damit verdient werden.

Beim Daytrading besteht die Möglichkeit, sowohl von steigenden als auch von sinkenden Kursen zu profitieren. Wenn Sie eine Aktie kaufen, um sie in der Zukunft zu einem höheren Kurs wieder zu verkaufen, dann sind Sie eine „Long“-Position eingegangen. So profitieren Sie, wenn der Kurs steigt. Demgegenüber gibt es beim Daytrading auch eine „Short“-Position. Logischerweise macht der Daytrader dann Gewinn, wenn der Kurs fällt. Bei dieser Variante handelt es sich theoretisch um ein Leihgeschäft, denn die Veräußerung eines Wertpapieres fand schon vor dem Erwerb statt. Dementsprechend leiht sich der Daytrader eine Aktie und verkauft sie im gleichen Atemzug wieder. Fällt der Kurs, dann kann der Daytrader sie sogar zu einem geringeren Preis zurückkaufen. Die Differenz wird natürlich dann einfach als Gewinn verbucht.

Viele Einsteiger investieren zu wenig Zeit in diese wirklich komplizierte Materie. Die meisten Einsteiger besorgen sich ein Konto bei einem Broker, überweisen ein bisschen Geld und klicken ein wenig in diversen Plattformen herum. Wenn die ersten Trades gesendet wurden, ohne wirklich darüber nachzudenken und die einzelnen Sachverhalte zu hinterfragen, ist das Geld möglicherweise auch schnell wieder weg. Der nächste Punkt ist, dass mit einem so geringen Betrag kein vernünftiges Risikomanagement möglich ist, doch das sollte für einen Daytrader einer der wichtigsten Punkte sein. Meistens ist das eingezahlte Geld dann schnell weg, der Einsteiger schmeißt alles wieder hin und geht im Endeffekt als Verlierer wieder nach Hause.

Fakt ist, dass das Daytrading überdimensionale Gewinnchancen bietet, aber auch die Risiken sind deutlich höher. Bei einer konventionellen Geldanlage hätte man natürlich ein geringeres Risiko. Wer das Daytrading als eine Möglichkeit sieht, in kurzer Zeit schnell und mühelos reich zu werden, wird in naher Zukunft nicht mehr traden, sondern eher anfangen, zu pokern. Dass dieses Prinzip Sie in den Ruin treiben wird, ist Ihnen hoffentlich klar. Daytrading kann also eine Arbeit wie jede andere sein. Selbst, wenn man sich die ersten Informationen beschaffen konnte und sich Wissen angeeignet hat, wird man eine Weile brauchen, um wirklich zu verstehen, wie dieses Geschäft auf Dauer funktioniert. Mit ein wenig Geduld und Ehrgeiz kann jedoch jeder eines Tages Daytrading lernen und auch verstehen.

DER UNTERSCHIED ZWISCHEN TRADEN UND INVESTIEREN

Betrachtet man die Unterschiede zwischen Traden und Investieren, fällt sofort auf, dass die beiden Positionen in mehreren Aspekten auseinandergehen. Um die Unterschiede verständlich zu überbringen, sollten Sie sich einmal die Frage stellen, ob Sie einen berühmten Investor kennen. Viele Menschen, die sich schon länger mit diversen Börsengeschäften beschäftigt haben, werden diese Frage mit Sicherheit mit „JA" beantworten. Ein großer Investor, den Sie bestimmt zumindest vom Hören kennen, ist Warren Buffet. Er ist DAS Investoren-Vorbild überhaupt und einer der reichsten Menschen der Welt. Damals hat er als Jugendlicher angefangen, sein Geld in Aktien zu investieren – mit Erfolg. Sein gutes Gespür hat ihm geholfen, günstige Aktien einzukaufen und sie im Nachhinein wieder teuer zu verkaufen. Warren Buffet hat zu diesem ganz einfachen Prinzip ein paar Regeln aufgestellt, die man immer beachten sollte, wenn man erfolgreich investieren möchte.
Die erste Regel lautet: *Verliere niemals Geld.*

Eine andere: *Denken Sie immer an die erste Regel.* Und die dritte Regel ist: *Nur in Gesellschaften, deren Tätigkeiten du kennst und nachvollziehen kannst, sollst du investieren.*

Ein anderer berühmter Investor ist George Soros. Er wird als Hedge-Fonds-Guru betitelt und ist für die weltweit beste Leistungsbilanz aller Investmentfonds bekannt. Er empfindet Finanzmärkte als chaotisch. Dementsprechend denkt er, dass die meisten Menschen eher emotional entscheiden. Wichtig ist daher die Beziehung zwischen den Aktienpreisen, den Anleihenpreisen oder den Währungspreisen und den Menschen, die mit den Wertpapieren handeln, also kaufen und verkaufen. Rationale und logische Berechnungen stehen hingegen eher im Hintergrund, da die emotionalen Reaktionen der Menschen grundsätzlich entscheiden. Chancen ergeben sich bei ihm durch eine gründliche Untersuchung der Firmen. Dabei beeinflussen die vorherrschenden Vorurteile der Anleger die Markttransaktionen, die sich dann wiederum auf die Wirtschaft auswirken.

Zwei bekannte Investoren haben Sie nun kennengelernt. Aber können Sie auch einen bekannten Trader nennen? Es gibt zwar erfolgreiche Trader, doch diese sind keinesfalls berühmt. Jemand, der sich etwas mehr mit Daytrading beschäftigt, kennt natürlich ein paar Namen aus dieser Szene. Aber fragen Sie einmal Unwissende, ob sie einen berühmten Trader kennen. Um der Sache auf den Grund zu gehen, sollte man ein paar grundlegende Unterschiede zwischen Traden und Investieren kennen.

Zuerst sollte man die jeweilige Definition der Wörter kennen. Investition bedeutet eine langfristige Lagerung finanzieller Mittel (also Geld) in materiellen und immateriellen Vermögensgegenständen. Man spricht hier von einer Bindung. Trading bedeutet wiederum nichts anderes als der Handel. Will man die Sache ein wenig genauer betrachten, sollte man nach dem Begriff Daytrading Ausschau halten.

Im Daytrading wird mit Wertpapieren gehandelt. Dies funktioniert auf einer kurzfristigen und spekulativen Basis. Innerhalb eines Tages werden so verschiedene Positionen geöffnet und anschließend wieder geschlossen. Das Ziel ist es dementsprechend, von Kursschwankungen zu profitieren. Die Objekte, die bei diesem Handel genauer betrachtet werden, sind Aktien, Devisen und Derivate. Neben Daytradern sind auch noch Swingtrader an der Börse tätig. Diese behalten unterschiedliche Positionen mehrere Tage oder sogar Wochen. Die Zeit spielt in diesem Fall eine sehr große Rolle.

Ein anderer Unterschied zwischen Investieren und Traden ist die zeitliche Perspektive. Während man beim Investieren eher ein langfristiges Engagement eingehen will, hat man als Trader eher Interesse an kurzfristigen Positionen. Beim Traden kann die Besitzdauer wenige Sekunden bis hin zu einer Woche dauern. Investoren haben da eher ein halbjährliches Engagement im Blick.

Beim Investieren spielt zudem der fundamentale Aspekt eine große Rolle. Dazu werden gerne einmal Auswertungen von Unternehmensbilanzen dazu geholt, um Investmentideen zu generieren. Hat man sich eine Zeit lang Gedanken über die Situation gemacht, entscheidet man sich nach reifer Überlegung, ob man in eine Sache investieren möchte oder eben nicht. Um sich zu entscheiden und einen passenden Einstieg zu finden, kann jedoch auch die Charttechnik benutzt werden.

Beim Traden ist erneut die zeitliche Einordnung ausschlaggebend. Der Trader, der diverse Positionen manchmal nur für wenige Sekunden oder Minuten hält, kann mit einer Fundamentalanalyse nicht sonderlich viel anfangen. Der Trader benutzt diese Art der Analyse höchstens, um sich einen groben Überblick zu verschaffen.

Trader handeln nur mit Werten, die eine hohe Schwankungsintensität aufweisen. Aus diesem Grund können sie in kurzer Zeit beachtliche Summen erwirtschaften. Deshalb benutzen die Trader bevorzugt Derivate, um mit einem geringen Kapitaleinsatz viel Gewinn zu erzielen. Sie zahlen an dieser Stelle eher einen Preis in Form von Zeitwert, Finanzierungskosten und vorgegebener Laufzeit.

Investoren handeln meistens mit einem reinen Basiswert, wie zum Beispiel mit einer Aktie. Die Anleger verfügen normalerweise über ein hohes Vermögen. Wenn sie zum Beispiel in eine Aktie 6 Millionen investieren, können sie trotz kleiner Rendite einen angemessenen Betrag kassieren. Beim Investieren besteht das Portfolio teilweise auch aus mehreren Anlagen, sodass auch hier ab und zu Derivate zum Einsatz kommen können. Das hat unter anderem spekulative Absichten.

Es gibt also durchaus Unterschiede zwischen dem Investieren und dem Traden. Allerdings wirken die Grenzen meist ein wenig schwammig. Fakt ist: Wer als Trader viel Geld erzielen und Erfolg ernten will, der sollte sich ein hartes Fell zulegen. Seine Emotionen sollte er stets im Griff haben, sodass unüberlegte Fehlentscheidungen vermieden werden können. Der Investor hat es an dieser Stelle wesentlich leichter, doch auch er darf die Geduld nicht verlieren.

WAS TUT EIN DAYTRADER?

Haben Sie schon einmal davon geträumt, über Nacht reich zu werden? Ich bin mir sicher, dass wir uns dies alle wünschen. Es gibt einige Online-Plattformen für Daytrader beziehungsweise für Anleger, die versuchen wollen, aus Ihrem Geld noch mehr Geld zu machen. Natürlich soll das auch noch in einem kurzen Zeitraum passieren. Wer will schon viel Zeit aufwenden, wenn das Leben doch zeitlich begrenzt ist? In kurzer Zeit soll also, wenn möglich, viel Geld erwirtschaftet werden.

Es gibt genug Plattformen, die mit überzeugenden Slogans den Menschen weismachen wollen, dass man in einer Viertelstunde traden lernen kann. Selbst für Einsteiger sollen die perfekt ausgearbeiteten Konzepte geeignet sein. Viele Menschen beschweren sich über die Banken, die sich anscheinend zu kurzfristig orientieren, meckern über die Banker, die angeblich zu viele Boni kassieren würden, aber haben nichts an der eigenen Person auszusetzen. Mit sich selbst sind die meisten Menschen allerdings überhaupt nicht kritisch. Manche legen ihr Geld bei einer ausländischen Bank an, damit sie einen Prozentpunkt mehr an Zinsen einfahren.

Andere wiederum zocken selbst gerne einmal und überschätzen sich in einem bestimmten Moment, sodass sie mit ein wenig Pech ihr ganzes Geld verlieren. Immer mehr Leute träumen vom schnellen Geld. Die Zahl der Deutschen, die mit Aktien handeln, steigt und steigt. Vor allem steigt auch die Zahl derer, die kurzfristig handeln. Zur jetzigen Zeit liegt die Zahl der Nutzer von Online-Plattformen bei bis zu 70.000. Diese Menschen handeln alle kurzfristig mit Währungen und spekulieren auf die besten Trades.

Durch die Online-Plattformen ist es allerdings auch jedem möglich, sich zu informieren und zu handeln wie echte Profis. Für jeden Privatanleger gibt es die Möglichkeit, seinen eigenen kleinen Handelssaal zu eröffnen und spekulativ zu handeln.

In der damaligen Zeit hat man sich noch Akten angelegt, sein Leben normal weitergeführt und später dann das Ersparte bewundert. Den Anlegern ging es damals darum, das Ersparte stetig zu mehren. Heutzutage spielt eher das schnelle Geschäft eine Rolle. Ein schneller Handel soll dementsprechend schnelles Geld bringen. Die ganz eifrigen Daytrader kommen dann auf bis zu 200 Orders im Monat. Die Anleger werfen den Banken Gier vor, doch wieso verfallen dann immer mehr Anleger dem schnellen Handel mit Wertpapieren? Ist der Drang nach schnellem Geld etwa so groß?

Daytrader eröffnen an der Börse Positionen, die sie spätestens mit Ablauf des Tages wieder auflösen. Das Ziel eines Daytraders besteht darin, aus kleinen Kursbewegungen Gewinne zu erzielen. Dieser Vorgang wird übrigens auch als Scalpen bezeichnet. Der Daytrader muss also den entscheidenden Moment abwarten, in dem er kurzfristige Veränderungen bemerkt und möglichst zeitig wieder aussteigt. Um die entscheidenden Veränderungen zu erkennen, nutzt er die Charttechnik. Auch kann zur Erzielung von Gewinnen ein Cutting Spread gebildet werden. Ein Spread ist die Handelsspanne zwischen dem Rücknahme- und dem Verkaufskurs. Zudem sollte man beachten, dass sich Daytrading meist nur an Märkten lohnt, die eine hohe Schwankungsintensität aufweisen.

Wer den Beruf des Daytraders wählt, hat die Möglichkeit auf ein hohes Einkommen bei freier Zeiteinteilung. Ein Mensch, der den Beruf des Daytraders ausübt, wird in der Gesellschaft oft sehr hoch angesehen. Die Gewalt und Kraft, mit der er sein Kapital innerhalb kürzester Zeit vervielfältigt hat, hinterlässt bei den Mitmenschen einen bleibenden Eindruck. Allerdings ist die Ausführung des Jobs auch extrem riskant. Denn mögliche hohe Gewinne stehen einem risikoreichen Verlustpotenzial gegenüber. Das kann für einen Daytrader in manchen Fällen sehr böse enden. Daytrader sollten langsam anfangen und nicht denken, dass sie durch das Traden zum Übermenschen werden. Die meisten Menschen gehen einfach davon aus, dass, wenn sie eine gute Bildung genossen und derzeit ein gutes Einkommen haben, sie ihre bisherige Laufbahn 1:1 auf das Daytrading übertragen können. Die meisten Daytrader werden im Nachhinein leider enttäuscht. Wer an der Börse handeln will, muss nach den Regeln spielen. Diese Regeln muss man sich erst einmal aneignen, bevor man nach einer erfolgreichen Karriere als Daytrader strebt. Dass Daytrading meist erhebliche Risiken mit sich bringt und eine starke psychische Belastung bedeutet, wissen Sie nun bereits. Die wichtigste Regel für einen angehenden Daytrader ist allerdings der kleine Einstieg. Klein anfangen und von Zeit zu Zeit Erfahrungen sammeln, das ist die Devise. Anfänger, die ihre vorigen Erfolge und ihr großes Konto aus einem anderen Business mit in ihre neue Daytrader-Karriere nehmen, müssen sich auf erhebliche finanzielle Risiken gefasst machen. Denn eine Tatsache sollte Ihnen klar sein: Die meisten Anfänger verlieren ihr komplettes Kapital! Wer also neu in diesem Beruf ist, sollte sich deshalb mit weniger Kapital ausstatten, Erfahrungen sammeln und das gesetzte Kapital Stück für Stück vergrößern.

Beim Beruf des Daytraders gibt es, wie bei allen anderen Berufen, ebenfalls keine Abkürzung, um viel Geld zu erwirtschaften. Die ersten Erfolge brauchen Zeit, auch einige Verluste müssen eingesteckt werden. Wer diese einfachen Regeln nicht beachtet, muss sich nicht wundern, dass er sein ganzes Kapital umsonst gesetzt hat.

Wie wird man als Daytrader erfolgreich? Wer Daytrader sein will, der muss seine Fehler erkennen können. Aus diesem Grund ist der Beruf für viele Quereinsteiger total schwer einzuschätzen. Sie wissen nicht, wie es funktioniert, weil sie eben noch keine Fehler gemacht haben. Wer kein Tagebuch über sein Verhalten beim Trading geführt hat, der kann seine Misserfolge nicht erkennen und logischerweise aus ihnen auch nicht wirklich etwas lernen. Erst durch das Erkennen der Fehlentscheidungen beim Trading ist es möglich, den Beruf eines Daytraders zu verstehen und zu erlernen. Hat man den Beruf verstanden und wurden die Fehler eingesehen, können mit der Zeit immer mehr Gewinne verbucht werden.

Hat man in der Wirtschaft alles im Griff und feiert Erfolge, bedeutet das jedoch noch lange nicht, dass man an der Börse mit Aktien richtig reagieren würde. Der Handel mit Aktien ist komplett anders. Die Emotionen eines Daytraders spielen nämlich auch eine sehr große Rolle in diesem Business. Daher müssen sie kontrolliert und im Griff behalten werden. Dennoch kann man nicht alle Fehler beim Handeln verhindern. Aus diesem Grund ist es wichtig, dass man ein Handelssystem anwendet, um diese Verluste aus schwächeren Zeiten ohne Probleme wegstecken zu können. Das ersparte Geld wird so nämlich nicht unnötig zerstört.

Durch die sozialen Medien und die ständige Werbung im Internet oder im Fernsehen wird einem andauernd gepredigt, dass man große Gewinne in kürzester Zeit beim Daytrading erzielen kann. Auf Daytrader, die schon jahrelang in diesem Business sind, mag das vielleicht auch zutreffen. Allerdings ist der Beruf des Daytraders für einen ganz normalen Anfänger alles andere als leicht. Im Normalfall sollten Sie davon ausgehen, dass Sie zu Anfang eher kleine Gewinne erwirtschaften werden. Wenn Sie dann nach ein paar Monaten Ihre Fehler erkannt und Ihre persönlichen Techniken erstellt haben, haben Sie gute Chancen, den Beruf erfolgreich auszuüben.

Was verdient eigentlich ein Daytrader? Diese Frage stellen Sie sich bestimmt schon die ganze Zeit. Die Verdienstchancen eines Daytraders sind extrem hoch. Wird das Kapital im Jahr verdoppelt, kann ein durchschnittliches Einkommen von ungefähr 70.000 Euro im Monat erzielt werden. Natürlich liegt das immer am Daytrader selbst, wie viel er bereit ist, zu riskieren, und wie viel Gewinn er im Monat macht. Für einen Daytrader sollte ein Gewinn von 15 % im Monat allerdings gar kein Problem darstellen. Beherrscht man seine Emotionen auch an schlechten Tagen und hat man die Absicht, sein Geld enorm zu vergrößern, dann ist der Beruf des Daytraders genau richtig für Sie – ein toller Beruf, der Zeit, Geduld und viel Fleiß in Anspruch nimmt.

Daytrading-Strategien

Nun kommen wir endlich zu den Strategien! Es gibt viele Strategien, die Daytrader anwenden können, aber damit Sie die richtigen Strategien anwenden können, empfehle ich Ihnen, alle Strategien gut durchzudenken. Nicht jede Strategie klappt für jeden Daytrader.

WAS WIRD GEHANDELT?

Beim Daytrading wird gehandelt. Es ist also eine Handelsstrategie, bei der am Anfang des Tages eine Position eröffnet und innerhalb eines Handelstages wieder geschlossen wird. Es geht beim Daytrading also nicht darum, langfristige Positionen zu halten, sondern eher darum, kurzfristige Schwankungen an der Börse zu analysieren und auszunutzen. Gerne wird vor allem mit Wertpapieren gehandelt, aber auch Forex, also der Handel mit Währungen, ist bei vielen Daytradern sehr beliebt.

Ein Daytrader sucht bewusst nach sehr liquiden Papieren, die eine hohe Volatilität aufweisen, um zum richtigen Zeitpunkt zu profitieren. Interessant sind hier Aktien, die aufgrund von Nachrichten oder verschiedenen Ereignissen große Kurslücken vor Börsenbeginn aufweisen, die sogenannten Momentum-Aktien.

Bei einer einfachen Aktie treten normalerweise an einem Tag keine großen Schwankungen auf, sodass sich das Traden hier kaum lohnt. Daytrader handeln daher oft mit von Basiswerten abgeleiteten Finanzinstrumenten, den Derivaten. Die Basiswerte können Aktien, Zinsen, Rohstoffe, Währungskurspaare oder Geldmarktinstrumente sein. Dementsprechend wird also geschätzt, dass sich der Basiswert in eine bestimmte Richtung verändert – entweder er steigt oder er fällt. Die Derivate, die am häufigsten genutzt werden, sind Hebelzertifikate, Futures, CFDs, Optionsscheine, binäre Optionen und Forex Trading.

Der Daytrader setzt einen kleinen Teil seines Geldes ein, ungefähr so viel, wie der Basiswert wirklich kosten würde. Beim Kauf von Derivaten kann nun die Hebelwirkung genutzt werden. Der Hebel spiegelt das Verhältnis, wie sich der Kurs des Derivates in Bezug auf den Basiswert verändert hat. Mit diesem Hebel ist es möglich, mit geringem Kapitaleinsatz hohe Gewinne zu erzielen. Natürlich kann sich die Hebelwirkung auch negativ auswirken, sodass hohe Verluste entstehen können.

Welche Faktoren beeinflussen eigentlich die Aktienkurse? Aktien werden zu bestimmten Preisen gehandelt. In Deutschland werden die Aktien in Euro und die US-Aktien werden in US-Dollar angegeben. An manchen Tagen steigen die Aktien und an anderen Tagen fallen die Kurse. Man kann den Verlauf der Preise mit den heimischen Benzinpreisen vergleichen. Diese schwanken an einem Tag auch sehr stark. Doch warum ist das so? Wieso steigen die Aktienkurse drastisch an und wieso sinken sie danach wieder schlagartig? Hier spielt die starke Beeinflussung der Kurse durch Angebot und Nachfrage eine wesentliche Rolle.

Wollen viele Anleger in eine Aktie investieren, steigt die Nachfrage und der Preis steigt drastisch an. Werden dementsprechend viele Aktien auf einmal wieder verkauft, fällt logischerweise auch der Aktienkurs. Jedoch ist der wesentliche Akteur nicht die Nachfrage, sondern der Trader. Erwarten die Anleger steigende Kurse, wollen höchstwahrscheinlich viele Leute investieren. In diesem Fall klettert der Kurs natürlich in die Höhe. Gehen die Anleger aber davon aus, dass der Kurs sinkt, werden einige Leute ihre Wertpapiere mit Sicherheit verkaufen. Dann fällt der Aktienkurs natürlich ab. Welche Faktoren sind noch entscheidend? Natürlich spielt die wirtschaftliche Situation eine große Rolle bezüglich der Aktienkurse. Damals hat zum Beispiel die große Finanzkrise die Aktienkurse in den Keller fallen lassen.

Die Aussichten auf die Wirtschaft waren negativ, sodass viele Unternehmen weniger Umsatz erzielt und somit auch nur einen geringen Gewinn erwirtschaftet haben. Sind die Aussichten positiv, hat dies einen nicht zu vernachlässigenden Einfluss auf Anleger, sie spekulieren dementsprechend mit höheren Umsätzen und auch mit höheren Gewinnen.

Fährt das Unternehmen zudem einen unerwarteten Gewinn ein, kann man einen Anstieg der Aktie beobachten. Doch nicht allein die Wirtschaft spielt eine große Rolle für die Aktienkurse, auch hat die politische Situation, ob im Inland oder im Ausland, Einfluss auf diverse Entwicklungen. Zum Beispiel führte der Angriff der Terrororganisation „Al-Kaida" in den Vereinigten Staaten zu einer Krise, die sich auf die gesamte Welt auswirkte. Eine weltweite Instabilität machte sich breit und brachte unzählige Aktienkurse zum Einsturz.

Ein weiterer Faktor ist die Psyche. Die psychologischen Faktoren darf man in der heutigen Zeit auf keinen Fall unterschätzen, denn besonders die Faktoren Angst und Unsicherheit lassen die Aktienkurse oftmals abstürzen. Hat der Anleger nämlich Angst, dass das Unternehmen, in das er investiert hat, Verluste macht, dann verkauft er mit hoher Wahrscheinlichkeit seine Aktie, und zwar bevor es überhaupt zum Kursabsturz gekommen ist. In solchen Fällen brechen die sogenannten Panikverkäufe aus. Dementsprechend sinkt der Aktienkurs, die Anleger verkaufen ihre Wertpapiere und im schlechtesten Fall stürzt der Kurs noch weiter ab, sodass noch mehr Anleger ihre Aktien verkaufen. Auch beeinflussen Gerüchte, Ankündigungen oder sonstige Nachrichten die Aktienkurse.

DAYTRADING IN ECHTZEIT

Beim Daytrading handelt man meist nicht mit physischen Finanzinstrumenten. Die gekauften Aktien werden direkt online verbucht und im perfekten Moment wieder verkauft. Der Echtzeithandel ist daher besonders bei Spekulationen mit Derivaten effektiv, das heißt, die gekauften Wertpapiere werden in Echtzeit direkt in ein Depot gebucht, sodass sie immer und überall zur Verfügung stehen. Je nachdem, wie sich der Kurs entwickelt, kann spekuliert und dementsprechend entschieden werden, ob die Papiere schnellstmöglich wieder verkauft werden sollen. Um den besten Überblick zu haben, wird meistens eine spezielle Software benutzt. Diese Software wird vom Broker ausgegeben. Die Software sollte top aktuell sein und eine lückenlose und perfekte Synchronisierung der Aktienkurse mit den aktuellen Werten an der Börse gewährleisten.

Wenn die Kursentwicklung lückenlos übertragen wird, können Sie die Entwicklungen an der Börse ohne Zeitverzögerung mitverfolgen. Sind alle Werte immer aktuell, können Sie entsprechende Reaktionen tätigen.

Besonders gut geht dieses Modell beim Handel mit Derivaten. Bei den schnellen Wetten auf Kursgewinne oder Kursverluste sind natürlich auch einige Risiken nicht auszuschließen. Mittlerweile gibt es unzählige Plattformen von Brokern, die ein kostenloses Demokonto anbieten. Zusätzlich zum kostenlosen Konto gibt es einen kleinen Startwert, der zuerst bei einem normalen Depot als Einlage eingezahlt wird. Dieser Startwert kann natürlich bei sehr hohem Risiko komplett verloren werden.

Doch es gibt auch Vorteile beim Spekulieren mit Derivaten. Ein großer Vorteil ist, dass man auch mit kleinen Einsätzen relativ hohe Gewinne erzielen kann. Um das zu erreichen, sollte man erst an einem Demokonto üben. Besonders für Neueinsteiger ist das eine gute Möglichkeit, sich in diesem komplexen Thema zurechtzufinden und die gängigen Schritte des Handels kennenzulernen. Allerdings sollte man als Anfänger nicht nur genau auf die einzelnen Funktionen achten, auch spielen allgemein die verschiedenen Märkte eine große Rolle. Jemand, der spekuliert, sollte dementsprechend in der Lage sein, die Gewinne und Verluste, die in den einzelnen Märkten auftauchen können, einzuschätzen, da schnelles Spekulieren mit Wertpapieren mit hohen Risiken verbunden ist. Die Errichtung eines Demokontos ist der erste Schritt eines Daytraders, ein weiterer sollte sein, sich im Internet nach passenden Portalen umzuschauen, um sich einige Tipps und Tricks rund um das Thema Daytrading verraten zu lassen. Hier sollte man die einzelnen Handelsarten kennen. Im Fall von Derivaten soll auf den Kurs eines definierten Wertes gesetzt werden, ohne diesen jedoch zu besitzen.

Eine weitere Möglichkeit stellt beispielsweise der Forex-Handel dar. In diesem Fall wird mit Devisen gehandelt. Die geringen Kursveränderungen werden dementsprechend ausgenutzt. Die unterschiedlichen Kurse kommen unter anderem zwischen verschiedenen Börsen zustande. Die Schwankungen der Währungen werden so gekonnt ausgenutzt, um Gewinne zu erzielen. Um stets vorsichtig und mit möglichst wenig Risiko zu handeln, ist es empfehlenswert, sich erst eine gewisse Finanzrücklage anzusparen. Wie Sie nun schon gelernt haben, kann im Echtzeit-Daytrading die komplette Einlage verloren werden. Das vorhandene Risiko sollte also stets mit einberechnet werden.

Die Börse bietet ein breites Spektrum an Möglichkeiten, wie man am besten zu Geld kommen kann. Mittlerweile gibt es unzählige Bücher, die unterschiedliche Investitionsmodelle vorstellen und bewerben. Welche Möglichkeit jedoch die richtige für Sie ist, sollten Sie gut bedenken. Das hängt unter anderem auch von Ihrem individuellen Anlagetyp ab. Momentan ist der aktivste Anleger der Daytrader. Er handelt mit Aktien, Futures und anderen Finanzinstrumenten. Er tut das sogar fast täglich, manchmal sogar öfters am Tag.

Besonders hoch angesehen sind die High Frequency Trader, sie arbeiten sehr effizient und professionell. Außerdem arbeiten sie mithilfe von komplizierten Algorithmen und sind deshalb perfekt vorbereitet, um Positionen innerhalb von wenigen Sekunden zu eröffnen und wieder zu schließen. Doch nicht alle Daytrader sind so professionell ausgestattet wie ein High Frequency Trader. Auch gibt es genügend Privatanleger, die an der Börse als Daytrader agieren. Stimmen die mentale Einstellung und die Disziplin des Traders, kann er mit Sicherheit irgendwann auch so einen Erfolg verzeichnen. Allerdings muss beim Echtzeit-Daytrading auch mit Misserfolgen gerechnet werden. Verfolgt man eine feste Strategie, sollte man diese auch stets verfolgen, auch dann, wenn hin und wieder einmal Perioden des Misserfolgs auftauchen. Gerade in solchen Zeiten ist es wichtig, dass man seinen Plan durchzieht und aus Fehlern lernt. Damit Sie nicht den falschen Weg gehen, halten Sie sich an einen perfekt ausgearbeiteten Trading-Plan. Hat man keinen Plan erstellt, gehen Anfänger meist ein zu hohes Risiko ein, aus welchem hohe Verluste resultieren können.

Hat man eine Trading-Strategie entwickelt und verfolgt diese auch sehr streng, sollte man sie jedoch zusätzlich überwachen und kritisch überprüfen. Was nämlich vor einigen Jahren einmal funktioniert hat, wird nicht unbedingt auch in der Zukunft funktionieren. Aus diesem

Grund muss die ausgearbeitete Strategie oft verfeinert werden, nur das führt zum langfristigen Erfolg.

Ein Daytrader tätigt an einem Tag sehr viele Transaktionen. Dementsprechend bezahlt er einen erheblichen Betrag an seinen Broker. Was genau ein Broker ist und was er macht, erfahren Sie im nächsten Abschnitt. Broker spielen im Leben eines Daytraders eine sehr große Rolle. Unter Brokern variieren die unterschiedlichsten Gebühren, daher ist eine sehr wichtige Aufgabe, den richtigen Broker auszusuchen. Dies hat vor allem den Vorteil, dass man so unter anderem die eigenen Kommissionen auf einem sehr niedrigen Level halten kann. Weist ein Daytrader ein hohes Handelsvolumen auf, kann er in den Genuss von möglichen Rabatten kommen. Auch bei diesem Thema kann der Broker weiterhelfen.

Allerdings sind niedrige Transaktionskosten nicht wichtiger als eine zuverlässige Handelsplattform. Für einen Daytrader kommt es nämlich nicht wirklich darauf an, ein paar Euro oder sogar Cent zu sparen. Er will seine geplanten Vorhaben so schnell wie möglich an die Börse übertragen. Positionen sollen nämlich so schnell wie möglich eröffnet und möglicherweise wieder geschlossen werden. Können die Handelsplattformen nicht schnell genug laden oder weisen sie sogar einen Fehler auf, kann das Geschäft des Daytraders in die Brüche gehen. Die Folgen wären dementsprechend katastrophal.

Neben einem guten Broker und einer zuverlässigen Handelsplattform ist es außerdem super wichtig, dass eine stabile Daten- und Kursversorgung garantiert wird. Für einen Daytrader spielen daher die Echtzeit-Marktdaten eine sehr wichtige Rolle. Das sind entscheidende Faktoren für die Kauf- und Verkaufsentscheidungen. Viele Broker bieten den Anlegern deshalb die Möglichkeit an, ein passendes Abonnement für Echtzeit-Marktdaten abzuschließen. Welches Abonnement sie wählen, hängt von der Strategie ab, die Sie verfolgen, oder von den Produkten, mit denen Sie handeln. Zusätzlich muss darüber entschieden werden, ob eine Darstellung der aktuellen Kurse vollkommen ausreichend ist oder ob etwas genauer nachgeschaut wird. Einen tieferen Blick ins Orderbuch bekommt man beim Level-II-Datenpaket. Dieses Paket wird allerdings nicht von jedem Broker angeboten. Hier sollte man sich natürlich im Voraus gründlich über die Möglichkeiten informieren. Gegen eine monatliche Gebühr kann ein Daytrader jedoch die Echtzeit-Marktdaten von einem Broker bekommen, um sich einen besseren Überblick über die Märkte zu verschaffen. Mithilfe der Daten können Handelsideen abgeleitet werden.

WAS VERSTEHT MAN UNTER EINEM BROKER?

Ein Broker arbeitet an der Börse, indem er die Ausführung von Wertpapieraufträgen und anderen Finanzinstrumenten für seine Kunden übernimmt. Wollen Privatpersonen an der Börse handeln, brauchen sie einen Broker. Dieser nimmt dann die Rolle des Maklers ein. Dabei ist es völlig egal, wie viel Kapital die Privatperson besitzt, denn sie können nicht direkt mit Wertpapieren oder anderen Finanzinstrumenten handeln. Wer also aktiv handeln will, der braucht einen Broker. Allerdings ist es heutzutage wesentlich einfacher für Privatanleger, denn die menschlichen Broker wurden bei den Online-Brokern größtenteils von Computern ersetzt.

Ein Broker ist also sozusagen ein Zwischenhändler, der zwischen Anlegern und Börsen sowie außerbörslichen Handelspartnern vermittelt. Dabei handelt er mit Wertpapieren oder mit anderen Finanzinstrumenten. Auch handelt er mit Termingeschäften auf Waren, Energie oder Rohstoffe. Als Lohn bekommt der Broker natürlich auch eine Courtage, diese wird oft auch Brokerage genannt. Da Privatanleger nicht allein an der Börse tätig sein können, benötigt jeder Daytrader einen guten Broker, der ihn beim Handeln unterstützt.

Wenn Sie sich nun auf die Suche nach einem geeigneten Broker machen, können Sie sich von Direktbanken, Filialbanken, Großbanken oder Brokerhäusern Angebote einholen. Natürlich kommt es immer auf die Strategie und das gewünschte Risikoprofil an, welcher Broker die beste Wahl ist. Für Trading-Einsteiger bieten sich jedoch mehrere Broker an:

1. Spezialisierung auf den Aktienhandel
2. Günstiges Angebot für Viel- bzw. Wenig-Trader
3. Zertifizierte Broker, die unterschiedliche Trading-Strategien anbieten
4. Genug Kapital? Dann können Sie sich auch als Trading-Einsteiger für das Daytrading entscheiden.

Broker sind nicht nur für die Order-Übermittlungen zuständig, auch stehen sie einem in der Beratung, Vermögensverwaltung und Marktanalyse zur Seite. Doch nicht nur Privatanleger können die Kunden eines Brokers sein, auch Unternehmen, Vereine und andere Institutionen arbeiten teilweise mit Brokern zusammen. Um also an der Börse erfolgreich zu sein, müssen Anleger definitiv mehr wissen und aktiv werden. Im Endeffekt entscheiden Sie selbst, ob Sie schon für einen Online-Broker bereit sind.

STRATEGIEN, DIE WIRKLICH FUNKTIONIEREN

Daytrader benutzen sehr viele Strategien, um erfolgreich an der Börse zu handeln. Entweder es wird kontinuierlich eine Strategie ausgearbeitet oder es werden mehrere gleichzeitig angewandt. Der Markt ändert sich ständig, aus diesem Grund müssen die Strategien regelmäßig an die Situation angepasst werden. Sie müssen also in der Lage sein, den Markt zu analysieren und natürlich auch zu verstehen. Haben Sie die aktuelle Lage verstanden, sollten Sie versuchen, Ihre Strategie dementsprechend anzupassen, um erfolgreich zu bleiben. Um die passende Strategie zu entwickeln, gehört natürlich auch ein wenig Kreativität dazu. Es gibt viele Daytrading-Strategien. Manche Daytrader beobachten Nachrichten, die wirtschaftlich relevant sein könnten, während andere nur die Eröffnungen der Aktienmärkte traden. Die Auswahl der richtigen Strategie ist nicht immer einfach.

Bevor Sie also damit anfangen wollen, sollten Sie sich zuerst an einem Demokonto ohne Risiko testen. Mithilfe eines Demokontos können Sie nämlich testen, wie Ihre Trading-Gewohnheiten aussehen und welche Strategie mit Ihren Ansichten vereinbar ist.

Der Anfang oder besser gesagt die ersten Schritte sind als Daytrader noch relativ einfach. Am Anfang empfiehlt es sich, mit virtuellem Geld zu arbeiten, um sich mit der komplizierten Software, den verschiedenen Märkten und den möglichen Strategien anzufreunden. Testet man das anfangs nicht mit echtem Geld, erspart man sich einige Fehltritte. Mittlerweile gibt es in diversen Demokontos absolut realistische Handelsbedingungen, sodass man das erlernte Wissen auch wirklich praktisch anwenden kann. Auch können vereinzelt Seminare, Schulungen und andere Fortbildungen helfen, sich kontinuierlich zu entwickeln.

Um natürlich die perfekte Strategie zu finden, sollten Sie sich einen guten Broker suchen. Achten Sie bei der Suche auf den Spread und die Kommissionen, die vom Broker angeboten werden. Als Daytrader plant man tägliche eine Mindestanzahl an Trades, daher sollten sie möglichst günstig sein. Aus diesem Grund muss man verschiedene Broker-Optionen gründlich miteinander vergleichen.

SCALPING

Bei der Scalping-Strategie sind die Daytrader sehr aktiv. Es ist also eine sehr aktive Handelsstrategie. Die gerade eröffneten Positionen werden dementsprechend sehr schnell wieder geschlossen. Das Ziel dieser Strategie ist es, möglichst viele kleine Gewinne zu erzielen. Behält man eine Position doch länger als geplant, spricht man schon nicht mehr vom Scalping. Beim Scalping werden meist Aktien zu einem günstigen Kurs gekauft. Wirtschaftsjournalisten oder Fondsmanager versuchen so, direkt positive Meldungen über das Wertpapier anzusteuern und es in der Öffentlichkeit zu empfehlen. Aus diesem Grund steigt die Nachfrage und die Aktie schnellt in die Höhe. Verkaufen die Scalper ihre Aktien wieder, sinken die Kurse oft stark, sodass die Anleger nicht selten sehr hohe Verluste erfahren müssen. Nicht umsonst heißt skalpieren (engl. to scalp) auch „das Fell über die Ohren ziehen".

Ein Scalper führt häufig sehr viele Trades an einem Tag durch. Dadurch, dass die Scalper die Anlagen nur kurz besitzen, fallen die Gewinne auch meist sehr klein aus. Diese Strategie bedarf daher vieler

Transaktionen. Zudem ist bei dieser Strategie ein hohes Maß an Disziplin sehr wichtig, da mit nur einem Trade der Gewinn eines ganzen Monats verloren werden kann. Auch beim Scalping gibt es unzählige Strategien, die man anwenden kann. Oft werden Währungen als Anlageklasse verwendet, da die Spanne in der Regel niedriger ist als bei anderen Finanzinstrumenten. Mit kleinen Geldbeträgen können so schneller größere Summen bewegt werden. Eine etwas riskante Strategie beim Scalping ist, wenn Sie Ihre Order für die Eröffnung der Position immer am Bid- oder Ask-Kurs positionieren. Der Bid ist der Geldkurs, den ein möglicher Anleger bereit ist, für eine Aktie zu zahlen. Der Ask ist genau das Gegenteil vom Bid. Diese Strategie ist allerdings sehr riskant, da man nichts gegen jede größere Bewegung tun kann. Unter anderem funktioniert dieses Vorgehen auch nur bei einem sehr ruhigen Markt mit wenigen Kursbewegungen.

MOMENTUM TRADING

Beim Momentum Trading ist man stets auf der Suche nach großen Kursbewegungen. Es spielt bei dieser Strategie keine Rolle, ob die Bewegungen positiv oder negativ sind. Der Trend spielt hier allerdings eine sehr entscheidende Rolle. Wurde der Trend vom Trader analysiert, werden die ersten Positionen eröffnet. Um jetzt also Gewinn zu erwirtschaften, schaut der Daytrader ins Orderbuch der Börse. Dies steht ihm durch Level-II-Marktdaten jederzeit zur Verfügung. Mithilfe dieser ausführlichen Werte wird nun also innerhalb der Platzierungen im Orderbuch eine große Gruppe mit Käufern und Verkäufern zu finden sein. So können die Positionen mit Gewinn abgeschlossen werden.

Die Momentum Strategie ist eine der häufigsten genutzten Strategien. Doch nicht nur das, denn sie ist auch eine der einfachsten Strategien. Um den Wert des aktuellen Zeitpunktes zu berechnen, wird nur der Schlusskurs von vor X-Perioden vom aktuellen Schlusskurs abgezogen. Die Anzahl der Perioden können vom Trader selbst herausgesucht werden.

Momentum= Close (Wert zum heutigen Zeitpunkt) – Close (Wert von vor X-Perioden)

Ein Momentum kann in allen Zeitperioden berechnet werden, jedoch stellt man sich bei dieser Methode oft die Frage, was die richtige Periodenlänge ist. Was ist die perfekte Periodenlänge für den gewählten Basiswert? Zur genauen Bestimmung müssen auch hier wieder diverse Untersuchungen durchgeführt werden. Entweder man führt eine Zyklenanalyse durch oder es wird eine direkte Optimierung vorgenommen. Fakt ist: Je kleiner die Periodeneinstellungen im Indikator gewählt werden, desto nervöser wird dieser. Er reagiert dadurch viel sensibler auf diverse Kursschwankungen. Zu den Standardindikatoren zählt das Momentum. Zudem kann es als unterstützender Oszillator zur Analyse oder auch direkt zur Signalgenerierung genutzt werden.

KONTRA-TREND-TRADING

Das Kontra-Trend-Trading ist eigentlich genau das Gegenteil vom Momentum Trading. Der Investor hält nach Wertpapieren Ausschau, die eine große Kursbewegung aufweisen, und versucht, diesen Trend in die entgegengesetzte Richtung zu handeln. In diesem Fall geht er von einer einsetzenden Trendumkehr aus. Tritt dieser Fall tatsächlich ein, wird die Position zügig geschlossen. Man nennt diese Strategie auch Fading. Wie Sie sich wahrscheinlich schon denken, ist diese Strategie mit einem hohen Risiko verbunden. Was passiert, wenn der Trend nicht in die andere Richtung geht?

Die entstehenden Verluste können zwar teilweise von Stopps begrenzt, allerdings nicht ganz vermieden werden. Normalerweise besagt eine wichtige Regel, dass man immer mit dem Trend gehen soll. Statistisch gesehen ist es nämlich wahrscheinlicher, dass sich ein Trend fortsetzt, als dass er sich umkehrt. Bei der Kontra-Trend-Strategie besteht aber immer der Gedanke, dass kein Kurs sich permanent in eine Richtung bewegt. Es wird also nicht davon ausgegangen, dass sich der Kurs für einen kurzen Moment gegen den Trend bewegt. Ein Daytrader sollte diese Strategie zusätzlich zu anderen Strategien benutzen, um möglichst hohe Gewinne zu erzielen.

Bei vielen Verhandlungen gehört das Über- und Untertreiben dazu, auch bezüglich der Kurse von Basiswerten. Einige Trends werden so tatsächlich am Leben gehalten. Doch irgendwann ist das Fass am Überlaufen. Wann eben dieser Moment ist, sollten Trader erkennen können, um diese Strategie erfolgreich nutzen zu können. Die Kontra-Trend-Strategie kann für den kurzfristigen und langfristigen Handel ideal genutzt werden. Die Schwierigkeit liegt darin, dass der Trader die exakte Laufzeit der Option wählen muss. Das kann zu Komplikationen führen, denn es kann nicht genau vorhergesagt werden, wann sich ein Trend plötzlich ändert. Das Lesen des Kurscharts kann bei dieser Strategie Signale senden, die auf den Einsatz einer Kontra-Trend-Strategie hinweisen.

Die Strategie kann in vielen verschiedenen Märkten eingesetzt werden, da kein Markt sich ständig nur in eine Richtung bewegt. Es werden immer einmal wieder kleine Richtungswechsel stattfinden. Besonders erfahrene Trader mit viel Erfahrung und Wissen, das sie bei der Chartanalyse direkt anwenden können, können mit dieser Strategie gutes Geld machen. Allerdings haben auch erfahrene Trader einen Nachteil bei dieser Strategie, da sie ein hohes Risiko für ihre Rendite eingehen.

PIVOT-PUNKTE-TRADING

Das Pivot-Punkte-Trading ähnelt ein wenig dem Scalping, da auch bei dieser Methode im Chart nach Widerstands- und Unterstützungspunkten geschaut wird. Anders als beim Scalper werden die Positionen vom Pivot-Händler länger gehalten. Außerdem sucht er nach extremen Widerständen und Unterstützungen. Das sieht er zum Beispiel sehr gut am Tageshoch und Tagestief, an denen der Einstieg normalerweise erfolgt. Erreicht ein Chart das Tageshoch, kann der Trader eine Short-Position einnehmen und diese schnell wieder schließen, wenn ein Richtungswechsel im Kurs stattgefunden hat. Platziert man bei dieser Strategie eine Stop-Loss-Order, also einen automatisierten Verkaufsauftrag, kurz über dem Tageshoch, kann man einen hohen Verlust vermeiden, wenn es zu einem Kurswechsel kommt. Die Position wird dann nämlich schnell wieder geschlossen, sodass der Verlust nur minimal ist.

Das Pivot-Punkte-Trading funktioniert normalerweise in sehr liquiden Märkten, wie zum Beispiel dem Devisenmarkt und dem Markt für Rohstoffe. Forex-Trader sollten daher unbedingt auf diese Strategie zurückgreifen. Eines der wirksamsten Werkzeuge für Devisenhändler sind die Pivot-Punkte. Die Punkte lassen sich auf unterschiedlichen Websites abrufen, auch kann man sie mit einem speziellen Programm automatisch berechnen und sie dann auf den persönlichen Charts anzeigen lassen. Pivot kommt aus dem Französischen und bedeutet so viel wie „schwenken". Man kann es wie eine Ebene betrachten, auf der die Preise völlig automatisch ausgeführt werden.

Bevor man jedoch mit der Pivot-Methode anfängt, sollte man sie genau verstehen. Es wird also eine Strategie rund um die Pivot-Punkte gestaltet. Der Hauptpivot-Punkt ist zum Beispiel einfach nur der Durchschnitt der Preise des Vortages. Diese Kurse könnten Sie also am nächsten Morgen erwarten. Allerdings ist diese Ebene oftmals undicht, sodass nicht nur um die Hauptpivot-Punkte gehandelt werden sollte. Daher sollte man warten und sinnvoll handeln, bis die Preise die Support-Zonen erreicht haben, um einen langfristigen Trade zu sichern. Oder man wartet, bis die Preise die Widerstandszonen erreicht haben, um einen kurzfristigen Trade zu riskieren. Der Handel rund um die Widerstandszonen ist meist viel exakter als um den Hauptpivot-Punkt. Der Markt oberhalb des Hauptpivot-Punktes bezeichnet man als Kauf-Markt. Liegt der Markt unterhalb des Punktes, wird er oftmals als Verkaufs-Markt bezeichnet.

AUTOMATISIERTER HANDEL

Hat man eine gut funktionierende Strategie für sich entdeckt, kann man sie vollkommen automatisieren lassen. Verschiedene Programme können dabei helfen, auch dann zu handeln, wenn man einmal nicht am Bildschirm sitzt. Allerdings sollte man nicht stur die Gewinne verfolgen und sich nicht nur auf das Wort „Gewinn" konzentrieren. Vielmehr muss die eigene Trading-Strategie darauf abgezielt sein, das Risiko zu kontrollieren und sich auf die Risikominimierung zu konzentrieren. Anfänger sollten auch nicht annehmen, dass sie – dank des automatisierten

Handels – Tag für Tag hohe Gewinne einfahren. Zuerst sollten Daytrader, die gerade erst begonnen haben, lernen, die Risiken zu verstehen. Wenn Sie sich als Anfänger immer noch nicht sicher sind, welche Daytrading-Strategie sie verfolgen wollen, sollten sie auf folgende Merkmale achten, um Ihren Weg als Daytrader richtig zu beginnen.

TRADING-STRATEGIEN FÜR ANFÄNGER

Wer Anfänger im Trading ist, sollte sich erst einmal langsam herantasten. Weniger Traden ist in diesem Fall immer besser als zu viel Traden. Traden Sie mit Bedacht, haben Sie mehr Zeit aus Ihren Fehlern zu lernen. Auch werden Sie lernen, Ihre Emotionen besser in den Griff zu bekommen. Als Anfänger sollten Sie außerdem die Scalping-Strategie vermeiden und in einem größeren Zeitrahmen Positionen anlegen. Außerdem ist es von Vorteil, wenn man sehr kritisch ist und äußerst selektiv vorgeht, um nur die besten Trades zu nehmen.

Jeder Daytrader gibt oft und gerne damit an, dass er angeblich das Hoch und das Tief des Tages gefunden hat. Gelingt es einem Daytrader nicht, denkt er, er hätte alles falsch gemacht und er sei ein absoluter Versager. Was ist die Schlussfolgerung aus seinem Verhalten? Er will den Trend bekämpfen beziehungsweise diesen kontrollieren, der anscheinend ständig im Fluss ist und sich fortdauernd bewegt. Allerdings ist es nicht das, worauf es beim Trading ankommt. Beim Trading geht es vielmehr um Eigenschaften wie Geduld und Beständigkeit. Wer sich mit dem Trend bewegen will, der muss sich viel in Geduld üben und abwarten, bis sich ein entsprechender Trend entwickelt. Er muss zudem auch nur Trends eingehen, die wirklich dem laufenden Trend entsprechen. Der Höchst- und Tiefst-Kurs ist bei dieser Methode völlig egal.

Wer mit dem Daytrading beginnt, sollte immer eine Stopp-Order und das Take-Profit für jeden Trade festlegen. Diese Funktionen regeln dann den Rest und bestimmen, wann Schluss ist. Anfänger neigen nämlich grundsätzlich dazu, ihre Stopps und Gewinnziele je nach Gefühl festzulegen. Sie nehmen meistens selbst Anpassungen vor, weil sie sich durch die leuchtenden Gewinn- und Verlustzahlen beeinflussen lassen.

Nur erfahrene Trader wissen, dass sie das erst nach objektiver Analyse machen können. Kümmern Sie sich also nicht um Ihre Gefühle und lassen Sie Ihre Stopps und Ihr Gewinnziel so, wie sie sind. Überlegen Sie trotzdem, etwas zu ändern, nehmen Sie sich ein Blatt Papier und schreiben Sie auf, wie Sie handeln würden. Nur so können Sie sich wirklich verbessern und daraus lernen. Nach einer größeren Anzahl können Sie die Ergebnisse des passiven Managements Ihrer Trades den aktiven Eingriffen von Ihnen selbst gegenüberstellen. Aufgrund dieser Ergebnisse können Sie selbst entscheiden, ob Sie aktiv Ihre Trades managen wollen. Im Hinterkopf sollten Sie behalten, dass eine Stopp-Order zu den wichtigsten Kontrollinstrumenten zur Risikobegrenzung gehört und nicht zu vernachlässigen ist.

WAS GILT ES NOCH, ZU BEACHTEN?

Für einen Anfänger im Bereich Trading gibt es viel zu entdecken und vor allem zu lernen. Bevor allerdings ein Trade gemacht wird, sollten einige Grundlagen beachtet werden. Wer mit dem Traden beginnen will, sollte folgende Fragen sicher beantworten können:

Wie setzt sich so ein Preis überhaupt zusammen?
Welchen Marktteilnehmern werde ich begegnen?
Wer ermittelt die Kurse?
Was sind eigentlich die Handelszeiten?
Was muss ich bei meinem gewählten Finanzinstrument beachten?
Wie wirken sich Nachrichten im geopolitischen und geldpolitischen Bereich auf mein Vorhaben aus?

Wer auf diese Fragen keine Antworten findet, der hat sich nicht optimal auf die Börse vorbereitet. Neben den wahren Profis werden Sie also nicht die geringste Chance haben. Investmentbanken und Hedgefonds werden dann mit Abstand die echten Profis der Märkte bleiben.

Wer sich als Daytrader einen Namen machen will, braucht erst einmal nicht viel Startkapital. Es ist sogar besser, wenn man mit möglichst wenig Kapital an den Start geht, denn als Trader sollte man die berühmte 90er Regel kennen:

> *„90 % aller privaten Trader verlieren 90 % ihres Kapitals in den ersten 90 Tagen."*

Und es stimmt tatsächlich. Zum Anfang ihrer Karriere zahlen Newcomer sehr viel Lehrgeld. Mit den richtigen Tipps und Tricks und einer perfekten Vorbereitung muss es gar nicht erst soweit kommen. Allerdings muss man, um seine Vorhaben zu realisieren, sehr viel Zeit einplanen und jede Menge Geduld mitbringen.

Die Zeit spielt beim Daytrading eine sehr große Rolle, sie ist ein sehr kostbares Gut. Eine gute Planung muss her, wenn Sie neben dem Beruf, der Familie oder dem Hobby auch noch Zeit für das Daytrading aufbringen wollen. Sind alle Bereiche in Ihrem Leben mit ausreichend viel Zeit abgedeckt? Kommt niemand in Ihrem Leben zu kurz? Haben Sie auch Pausen für sich selbst zur Erholung eingeplant? Planen Sie deshalb genau ein, wann Sie sich dem Daytrading widmen wollen. In den ersten Wochen oder Monaten soll es nur darum gehen, Fachwissen aufzubauen und Strategien auf einem Demokonto zu testen. Machen Sie dabei nicht den Fehler, auf die Charts zu schauen. Das bringt wirklich gar nichts. Sie werden dabei nichts lernen und womöglich nur aus dem Bauch heraus entscheiden.

Es gibt unglaublich viele Märkte, die es zu erforschen gibt. Es gibt zum Beispiel die Wertpapierbörse, an denen Aktien und festverzinsliche Wertpapiere gehandelt werden, dann gibt es die Devisenbörsen, die Warenbörsen, an denen Waren gehandelt werden, die Terminbörsen und die börsenähnlich organisierten Märkte, wie zum Beispiel die Briefmarkenbörse oder die Strombörse. Am Anfang der Karriere als Daytrader sollte man sich erst einmal mit CFDs im Devisen- oder Aktienmarkt beschäftigen. Wussten Sie übrigens, dass mittlerweile die bedeutendsten Börsen die Wertpapierbörsen in New York, Tokio, London, Paris, Frankfurt am Main und Zürich sind? Machen Sie sich vor dem Start also mit den wichtigen Informationen zu den Märkten vertraut. Sie sollten wissen, welche Handelszeiten sie haben und wie hoch das Volumen ist. Auch die Korrelation zu anderen Märkten ist ein wichtiger Faktor, der nicht zu vernachlässigen ist. Denn hier beginnt der Aufbau Ihrer Strategien für das Daytrading.

Zu Beginn sind Sie wahrscheinlich höchst motiviert und vielleicht ist Ihre Gier dadurch besonders ausgeprägt. Sie wollen in den meisten Fällen sehr schnell reich und hoch angesehen werden. Wer will das nicht? Allerdings ist das nicht sofort möglich. Am Anfang werden Sie bestimmt Broker-Empfehlungen zu einzelnen Trades locken. Sie werden Ihnen vermutlich eine 100-prozentige Chance schmackhaft machen. Allerdings kann niemand genau wissen, nicht einmal ein Broker, ob eine Aktie, eine Währung oder ein anderes Finanzinstrument fällt oder steigt. Lassen Sie sich deshalb nicht von anderen Menschen beeinflussen, höchstens von neutralen Analysen.

Was sind eigentlich Handelszeiten? Auch dieses Prinzip sollte man verstehen, wenn man an der Börse erfolgreich sein will. Es gibt insgesamt drei wichtige Sessions am Tag. Die Asien Session, die London Session und die New York Session. In Asien beginnt der Handelstag, in London kommt richtig Volumen rein und in New York geht der Handelstag zu Ende. Zu den Hauptzeiten kann es an der Börse dann schon einmal unbeständig werden und es können neue Trends entstehen. Weist der Markt eine hohe Liquidität auf, wird der Spread geringer und somit sinken auch Ihre Kosten für den Broker. Ist der Handelstag fast vorbei, werden die Spreads meistens wieder teurer. Das führt zu weniger Buchgewinn und dementsprechend zu mehr Buchverlust.

Der Forex-Markt ist den ganzen Tag geöffnet, sodass man die ganze Woche von morgens bis abends handeln kann. Die amerikanischen Aktien werden hingegen nur bis 22 Uhr gehandelt. Auch kann es sein, dass offene Positionen in der Nacht weiterlaufen. Genau deswegen sollten Sie mit Limits arbeiten. Geschieht ein unerwartetes Ereignis, können die Märkte innerhalb weniger Sekunden einstürzen – ebenso die von Ihnen angelegte Position. Jeder Daytrading-Anfänger sollte deswegen mit Stop-Loss arbeiten, so ist man definitiv abgesichert, bleibt aber trotzdem noch handlungsfähig. Allerdings kann nicht immer ein Verlust vermieden werden, denn diese gehören im Trading einfach dazu. Es wird immer wieder dazu kommen, dass man einen Teil seiner Gewinne wieder abgeben muss. Deshalb merken Sie sich gut: Nicht immer ist ein Trade positiv! Mit dem Risikomanagement begrenzt man jedoch die Verluste.

Der Markt wird Sie immer auf eine harte Probe stellen. Wenn Sie einen Verlust nach dem anderen einfahren, sollten Sie in schlechten Zeiten unbedingt die Stärke besitzen und vom Schreibtisch aufstehen. Viele Trader machen in dieser schlechten Phase genau das Gegenteil, indem sie nach angeblich besseren Trades Ausschau halten. Sie wollen es dem Markt quasi zurückgeben und zeigen, wer der Stärkere ist. Tun Sie sich einen Gefallen und legen Sie sich niemals mit dem Markt an. Dieses Spiel können Sie leider nur verlieren.

Sollen tatsächlich Positionen eröffnet werden, müssen Sie sich zunächst einen Trading-Plan anlegen und sich auch strikt an diesen halten. Ihre persönliche Daytrading-Strategie sollten Sie selbst zusammenstellen. Aufgrund von neu angeeignetem Wissen und erprobten Parametern kann eine erfolgreiche Strategie ausgearbeitet werden. Die Parameter können unter anderem technische Indikatoren, Kerzeninformationen, Nachrichten oder andere Dinge sein. In so einem Trading-Plan wird dann niedergeschrieben, wann genau gehandelt werden soll und wann man lieber verzichten sollte. Den Plan kann man mit einem einfachen Word-Dokument oder einer übersichtlichen Excel-Tabelle erstellen. Wurde der Trading-Plan erst einmal erstellt, muss der Trader sich täglich an diesem Plan orientieren und er darf nur reagieren, wenn alle definierten Kriterien erfüllt sind.

WARUM IST DAS DAYTRADING SO SCHWER?

Wenn man an der Börse handelt, braucht man sehr viel Erfahrung und Fleiß, um mit den ganz Großen mithalten zu können. Der Börsenhandel ist vermutlich der schwierigste Job der Welt, da es sehr viele Faktoren gibt, die die Aktien beeinflussen können. Zuerst sollten Sie sich natürlich im Klaren darüber sein, dass Sie von professionellen Tradern und

Investoren umgeben sind, die über die besten Technologien, Informationen und Verbindungen der Branche verfügen. Auch gilt es, zu beachten, dass jeder Tag an der Börse besonders ist. Der Chartverlauf ändert sich ständig, somit wird man keinen Chartverlauf eines Tages noch einmal am nächsten Tag sehen. Normalerweise will sich ein Mensch in Sicherheit wissen. Er möchte immer auf der sicheren Seite stehen. Die Börse ist allerdings voller Unsicherheit. Aus diesem Grund wird die Psyche eines Traders immer wieder gefordert, er muss immer Höchstleistungen erbringen, doch oft stehen ihm die Gier und die Angst im Weg, sodass der Erfolg häufig ausbleibt. Sie sollten deshalb als angehender Trader offen für neue Erfahrungen sein und einen Veränderungsprozess mitmachen wollen. Dieser Prozess ist nämlich notwendig, um langfristig Erfolg zu haben.

Wenn man eine Position nun zu einem bestimmten Zeitpunkt eröffnet hat, wann ist dann der perfekte Zeitpunkt, um einen Trade zu beenden? Es gibt verschiedene Varianten, einen Trade erfolgreich zu beenden. Zuerst sollten Sie sich für jeden Trade ein geeignetes Ziel setzen und sehr gut überlegen, wann es Sinn macht, vielleicht doch ein anderes Ziel zu verfolgen. Um nicht jeden Trade auf Dauer zu verfolgen, kommen wieder die Funktionen Stop-Loss und Take-Profit ins Spiel. Somit braucht man nicht seinen Trade zu observieren und man könnte auch mitten in der Nacht im Ziel landen, wenn man normalerweise schläft. Allerdings hängt es auch immer wieder von Ihrer Persönlichkeit und von der Strategie ab, wann ein Trade beendet werden soll.

Im Normalfall sollte man sein Ziel stets im Auge behalten. Allerdings kann einem die Psyche ganz schön den Weg versperren. Die größte Herausforderung im Börsenhandel liegt deswegen in der Frage, ob man den Trade bis zum letzten Punkt ausreizt oder ob man sich mit dem aktuellen Buchgewinn zufriedengibt und diesen mitnimmt. Daher sollte das Ziel sein, das richtige Gleichgewicht zu finden. Oft hilft es, bestehende Positionen so selten wie möglich zu überprüfen. Heutzutage ist der Markt nicht mehr auf unsere Anwesenheit angewiesen, denn der jeweilige Trade wurde ja schon umgesetzt. Ein vorzeitiger Verkauf würde sich dementsprechend nur lohnen, wenn sich die Gegebenheiten massiv verändert haben. Das können in diesem Fall Nachrichten sein, die von den Medien verbreitet wurden, oder es findet ein kompletter Trendwechsel statt.

CHARTMUSTER UND INDIKATOREN

Ein Chart ist eine grafische Darstellung von Zahlenreihen. Die Charttechnik hilft Tradern, Ideen zu entwickeln und die Strategie zu optimieren. Zur Charttechnik gehört das Kerzenmuster, welches auch „Japanese Candlesticks" genannt wird, und es gehört die technische Analyse dazu, zum Beispiel die Trendlinien. Das Volumen ist nicht unbedingt eine Charttechnik, aber trotzdem ein wichtiger Indikator, also ein sehr nützliches Hilfsmittel, um bestimmte Entwicklungen anzuzeigen. Heutzutage gibt es unzählige charttechnische Indikatoren, allerdings sollten Sie bei jedem einzelnen Indikator kritisch hinterfragen, welchen Nutzen er erfüllt.

Oft reichen die einfachen Trendlinien und Durchschnitte aus, um vernünftige Ergebnisse zu bekommen. Manche kritisieren die Charttechnik, da sie sich zu sehr auf die Vergangenheit bezieht. Allerdings stimmt das nicht wirklich, denn oft werden nur Zonen gesucht, die von vielen Anlegern beachtet werden und wo viele Trader die gleichen Gedanken entwickeln. Wichtig ist auch hier, zu wissen, dass der Kurs steigt, wenn die Positionen, die in den Markt gelegt werden, von mehr Käufern als Verkäufern gelegt werden. Auf der anderen Seite kann man auch sagen, dass, je mehr Verkäufer als Käufer ihre Positionen beenden wollen, der Kurs fällt.

WAS ANFÄNGER JETZT ZU TUN HABEN

Hat man auf einem Demokonto die ersten Vorgänge testen können, wird man merken, welche Trading-Strategie einem liegt. Sagen einem gewisse Ansätze zu, geht es darum, die Strategie weiter zu optimieren und ein Portfolio aus mehreren Hilfsmitteln aufzustellen. Eine der besten Strategien ist das Newstrading. Werden verändernde Nachrichten von den Medien verbreitet, entsteht ein Momentum. Das Momentum gibt Aufschluss über Tempo und Kraft von Kursbewegungen sowie über Trendumkehrungen, das heißt, der Trader muss sich vor allem in der Ausbruchrichtung positionieren. Beim Newstrading existieren bestimmte Ereignisse, die die Kurse stark beeinflussen und extrem in Schwung bringen. Besonders gut funktioniert diese Strategie im Devisenmarkt. Währungen reagieren nämlich äußerst empfindlich auf politische Geschehnisse und auf das, was die Zentralbanken alles unternehmen. Damit Trades gründlich geplant werden können, müssen Sie regelmäßig auf diverse Newsfeeds achten. Auch sollten Sie täglich in den Wirtschaftskalender schauen, denn dieser bietet stets aktuelle Programme an.

Jeden Tag werden Wirtschaftsdaten veröffentlicht. Mit einem bestimmten Kalender weiß man in der Regel, wann neue Daten kommen, und man kann sich dementsprechend schon darauf vorbereiten. Hat man ein wenig Erfahrung gesammelt, weiß man ganz genau, wann es sich lohnt, den Kurs am Bildschirm zu betrachten. Hat man auch herausgefunden, worauf Zentralbanken achten, kann man erahnen, welche Wirtschaftsdaten ein bisschen Bewegung in den Markt bringen. Die Zentralbank ist nämlich für die Geldpolitik zuständig, das heißt, die Zentralbank ergreift alle wirtschaftlichen Maßnahmen, um ihre Ziele zu erreichen. Das wichtigste Finanzinstrument ist der Leitzins für das Zentralbankgeld. Eigentlich will die Zentralbank immer eine Preisstabilität erreichen. Ihr Ziel ist es also, dass die Inflation sehr nahe ist, aber immer noch unter 2 % liegt.

Je nach Lage wird die zentrale Notenbank über Maßnahmen nachdenken, um ihr Ziel zu erreichen. Eine Zinssenkung wäre da eine logische Schlussfolgerung, diese würde auch den Kurs einer Währung senken. Im Umkehrschluss kann die Zentralbank natürlich auch die Zinsen steigern, um der Inflation entgegenzuwirken – die Währung steigt. Genau deswegen entstehen Schwankungen von Zeitreihen und das kommt jedem Daytrader zugute. Es eröffnet ihm sehr viele Chancen.

Erfolgreiches Trading

Der Schlüssel zum Erfolg liegt bei der Börse bestimmt in der Erfahrung. Man kann zwar auch mit viel Glück gleich zu Beginn sehr erfolgreich sein, aber dies ist eher der Ausnahmefall. Doch wie schafft man es, auf Dauer erfolgreich zu sein?

EIN JOB MIT HOHEM RISIKO

Einen Daytrader kann man keinesfalls mit einem Zocker vergleichen. Es gehört noch mehr dazu, als einfach nur Wetten auf Kursschwankungen abzugeben. Daytrader sehen in ihrem Job eine wichtige Aufgabe, doch in der Welt der Unwissenden ist ihr Job keine besondere, volkswirtschaftliche Aufgabe. Die meisten Menschen sehen tatsächlich nicht den Sinn in den Aufgaben eines Daytraders. Sie sind der Überzeugung, dass die Daytrader eher für sich arbeiten lassen, anstatt selbst zu arbeiten.

Doch Daytrader selbst sind anderer Meinung. Volkswirtschaftlich gesehen würden sie aus ihrer Sicht sogar die Liquidität auf den Märkten ankurbeln. Durch ständiges Kaufen von Anteilen und Verkaufen von Positionen sorgen sie dafür, dass jeder Konzern oder jeder Mensch so handeln kann, wie er es möchte. Die Finanzmärkte seien dadurch effizienter. Die Märkte sind riesig. Wenn man den Einfluss auf Kurse und Preise von einem einzigen Daytrader betrachtet, ist dieser sehr klein. Doch trotzdem können Daytrader mit wenig Kapital innerhalb weniger Minuten oder Sekunden den großen Reichtum machen. Es kann natürlich auch genau das Gegenteil eintreten und sie können innerhalb weniger Sekunden sehr viel wieder verlieren. Durch das Medium Internet interessieren sich wesentlich mehr Menschen für den Handel an der Börse.

Als der Handel damals nur auf dem Parkett stattfand, waren es deutlich weniger. Heutzutage sind die Menschen wahrscheinlich getrieben von der Hoffnung, reicher zu werden, als es ein „normaler Job“ erlauben würde. Mittlerweile gibt es sehr viele Brokerhäuser, die einem erzählen, worauf es beim Daytrading ankommt. Sie bieten unzählige Seminare an und erzählen den Anfängern und auch erfahrenen Tradern alles rund um die Börse – sei es die technische Analyse, um sich in einem Kurschart zurechtzufinden, oder das Risiko-Money-Management, bei dem die Teilnehmer genau lernen, wie sie ihr Geld richtig anlegen und einsetzen. Auch wollen die Kurse ihren Teilnehmern deutlich machen, dass es nicht nur auf die großen Gewinne ankommt, sondern vielmehr auf die regelmäßigen kleinen Gewinne.

Hat man nach einer gewissen Zeit schon ein bisschen Kapital erwirtschaftet, ist es besonders wichtig, das Geld an einen sicheren Ort zu bringen. Um auf der sicheren Seite zu sein, sollte man deswegen niemals sein gesamtes Vermögen aufs Spiel setzen oder sich sein Startkapital von einer Bank leihen, indem man sich einen Kredit aufnimmt. Warum Daytrader einerseits große Chancen auf das große Geld und andererseits ebenso ein hohes Verlustrisiko haben, kommt daher, dass Daytrader nicht mit Aktien handeln, sondern mit Futures. Futures ermöglichen in kürzester Zeit sehr hohe Kursgewinne, sind aber gleichzeitig auch hochriskant. Bei Futures einigen sich Käufer und Verkäufer, den Basiswert zum festgelegten Preis am Ende der Laufzeit zu kaufen oder zu verkaufen. Futures oder Terminkontrakte beziehen sich auf die Preisentwicklung in der Zukunft. Der Wert orientiert sich dabei an einem Basiswert. Kauft ein Trader zum Beispiel einen Terminkontrakt, muss er am Fälligkeitstag eine bestimmte Menge der Anteile abnehmen.

In Deutschland orientiert sich der Preis am aktuellen Stand des Dax, dem bedeutendsten deutschen Aktienindex. Der Dax misst die Wertentwicklung der 30 größten Unternehmen auf dem deutschen Aktienmarkt. Beim Abschluss eines Terminkontraktes muss der Käufer lediglich eine Sicherheitszahlung hinterlegen, die sogenannte Margin. Doch die Händler können, anders als beim klassischen Aktienhandel, auch an fallenden Kursen verdienen.

Die meisten Experten raten dazu, auszusteigen, wenn man etwas verloren hat. Sie sollten also niemals abwarten oder sogar gegen den Trend nachkaufen. Von Gier oder Angst sollte man sich deswegen nicht treiben lassen und man sollte wirklich nur wenige Kontrakte gleichzeitig handeln. Auch das Fernsehen sollten Sie beim Handeln an der Börse ausgeschaltet lassen, zudem sollten Sie fremde Meinungen und Emotionen ignorieren. Entscheidend sind nämlich nicht die Meinungen von Unwissenden, sondern nur die Zahlen, Linien und Charts. Am besten warten Sie auf das richtige Signal, um die perfekten Momente zum Handeln zu erwischen.

Wann das richtige Signal ist, kommt wieder nur auf die Strategie an. Es ist sozusagen das Geheimrezept unter Köchen, welches es selbst zu entdecken gilt. Disziplin ist das Allerwichtigste beim Handeln an der Börse. Dementsprechend fällt alles denen zu, die warten.

DAYTRADER ALS BERUF?

Am Anfang steht man ohne Wissen da. Man betrachtet das Handeln eher als eine Art Hobby. Jedes Hobby kostet eben Zeit und Geld. Vielen kommt dann der Gedanke auf, ob man nicht sein Hobby zum Beruf machen möchte. Schließlich investiert man sowieso schon viel zu viel. Wer träumt nicht von einem Unternehmen in den eigenen vier Wänden? Das hört sich mit Sicherheit erst einmal für jeden fantastisch an. Wer das Daytrading also zu seinem Beruf machen will, der sollte sich vorher über einige Sachen informieren. Ist zum Beispiel genügend Kapital vorhanden?

Der Mensch ist nämlich ein Kontrollfreak. Unter großem finanziellem Druck zu arbeiten und stets seine Gefühle unter Kontrolle zu haben, ist nicht für jeden das Richtige. Wenn Sie also hierzu nicht in der Lage sind, sollten Sie das Daytrading nicht zu Ihrem Beruf machen. Auch kann man vielleicht irgendwann den Spaß an seinem Hobby verlieren, wenn man auf Dauer immer nur Geld verliert oder gar nichts anderes mehr schafft. Daytrading setzt einen hohen Zeitaufwand voraus. Wer damit also seinen Lebensunterhalt verdienen und sich ernsthaft damit beschäftigen will, sollte sehr viel Zeit investieren. Wer nur einmal eben einen Trade setzen will oder nur so nebenbei im Daytrading aktiv ist, kann normalerweise auch nicht erwarten, ein großer Hecht in diesem

Business zu werden. Dabei weist das Daytrading ein noch höheres Risiko auf als das „normale" Trading. Beim Daytrading handelt man nämlich größtenteils mit Hebelprodukten, die den Gewinn oder den Verlust vervielfachen können. Im schlimmsten Fall muss man noch mehr Geld lassen, da man möglicherweise geliehenes Geld der Bank verspielt hat. Je mehr Geld man von einer Bank leiht, desto größer ist der Hebel. Je größer der Hebel, umso mehr wird der Gewinn oder eben auch der Verlust vervielfacht.

TYPISCHE ANFÄNGERFEHLER

Mittlerweile wissen Sie wahrscheinlich, wie schwer es ist, einen eigenen Trading-Plan zu erstellen. Seine eigene Strategie bekommt man nur durch Zeit. In dieser Zeit liegt es an einem selbst, welche Fehler man macht, welches Wissen man erfährt und wann man wirklich bereit ist. Es ist schwer, seinen eigenen, funktionierenden Plan zu erstellen, zu warten, bis man diesen Plan anwenden kann, und dann mit der nötigen Disziplin auch nach Plan zu handeln, ohne von dem ursprünglichen Vorhaben abzuweichen. Aber wie kann man dabei geduldig bleiben, wenn man sich sicher fühlt und täglich ungefähr fünf Trades anstrebt?

Die meisten Anfänger machen den Fehler und denken, dass, wenn sie sich nur auf 1-2 Märkte konzentrieren, sie nichts erreichen werden. Natürlich können Sie Ihre Trading-Strategien erst einmal auf einem Markt ausprobieren und diesen bei Erfolg auf andere Märkte anwenden. Nehmen Sie sich aber nicht zu viel vor und überschätzen Sie sich nicht! Ein großer Trading-Fehler liegt also in dem Handel auf nur einem Markt. Die Ungeduld führt dazu, dass wir nicht mehr auf unseren Plan hören und zu voreilig handeln wollen. Die Ungeduld wird womöglich so groß, dass Sie anfangen, eine angeblich gewinnbringende Formation im Chart zu entdecken, obwohl diese gar nicht existiert. Das geht allerdings meist nach hinten los.

Die Lösung zu diesem ersten Anfängerfehler ist leicht und wurde bereits schon erklärt. Wenn Sie erfolgreiches Daytrading betreiben wollen, sollten Sie für sich persönlich einen oder mehrere Trading-Setups entwickeln, die Sie wie ein Template für andere Märkte übernehmen können. Ist Ihnen das gelungen, können Sie mehrere Basiswerte durchleuchten und auf Ihr Setup lauern. Taucht es auf, können Sie zuschlagen und auf das Beste hoffen. Durch dieses Schema verbessert sich normalerweise das Chance-Risiko-Verhältnis dramatisch. Da Sie die Anzahl der Märkte erhöht haben, ist die Chance auch wesentlich höher, dass Ihr Trading-Setup vermehrt vorkommt. Allerdings sollten Sie auf die Kommissionen, die Mindeststückzahl und die Spreads achten, damit Sie im Voraus planen können, ob es sich überhaupt lohnt.

Haben Sie schon einmal von der Aussage „Momentum killt den Trend" gehört? Nein? Das Momentum ist die Volumenzunahme in einem Markt. Das sorgt für extremes Auf- und Absteigen in dem zugrunde liegenden Basiswert. Der Trend ist hingegen sehr ruhig und stetig. Der Trend wird in zwei Teile, Bewegung sowie Korrektur, unterteilt, wobei die Bewegung größer ausfällt. Als Daytrader muss Ihnen klar werden, dass der Markt immer aus unterschiedlichen Phasen besteht. Es gibt entweder trendige oder trendlose Phasen. Je nach Konfiguration können Sie mit dem Trend handeln. Es ist auch möglich, dass Sie mit der Bewegung oder dem Ausbruch handeln.

Das Momentum erweckt dementsprechend den Ausbruch zum Leben. Die meisten Anfänger haben Angst, etwas zu verpassen, so setzen sie hin und wieder ihren Einstieg viel zu weit oben an, also am Top des Ausbruchs. Sie sehen, wie der Kurs schnell in die Höhe eilt, und glauben, dass das die Chance auf einen schnellen Gewinn ist. Dabei ist schnelle Bewegung endlich und oft der Trigger für eine gesamte Trendwende. Auch wenn es sich wenig spektakulär anhören wird, aber ein gewöhnlicher Trend bringt meist höhere Gewinne, da eine größere Strecke zurückgelegt wird. Allerdings müssen Sie ein wenig Zeit einplanen, denn diese Methode dauert etwas länger. Haben Sie einfach Geduld und die Zeit wird für Sie sprechen. Das häufigste Problem an diesem Prinzip ist allerdings, dass Neulinge einen Trend meist erst als einen erkennen, wenn er schon fortgeschritten ist.

Doch wann merken Anfänger, wann der richtige Zeitpunkt ist? Wichtig zu wissen ist schon einmal, dass es verschiedene Marktphasen gibt und wie nützliche Indikatoren in manchen Marktphasen funktionieren. Bevor man sich auf das Positionieren in einem Ausbruch versteift, sollte man besser wieder auf einen Rücklauf warten. Widerstands- und Unterstützungslinien können Ihnen dabei sehr gut helfen. Wer den Trend allerdings handeln möchte, muss die Korrekturen akzeptieren können. Stopps können nach der Korrekturbewegung natürlich nachgezogen werden.

Was ist überhaupt ein fehlerhafter Trade? Viele Anfänger sind der Meinung, dass ein fehlerhafter Trade dann passiert ist, wenn sie Geld verloren haben. So ganz stimmt diese Aussage allerdings nicht. Ein sogenannter Verlust-Trade kann ebenso ein guter Trade sein, denn das Trading besteht immer auch aus Verlusten. Es sollte allerdings darauf geachtet werden, dass die Verluste die Gewinne nicht übersteigen. Geschieht dies nicht, ist alles in Ordnung. Kein Daytrader kann ständig nur Gewinne einfahren. Dies ist auf keinen Fall möglich. Falls Sie also ein Plakat oder sonstiges sehen sollten, wo genau das beworben wird, sollten Sie die Finger davon lassen. Umgekehrt kann ein angeblich guter Trade, bei dem Sie Gewinne eingefahren haben, auch ein schlechter Trade sein. Vielleicht haben Sie nämlich nur durch Glück oder zu hohe Positionen gewonnen. Dementsprechend können Sie einen Trade als fehlerhaft beschreiben, wenn Sie ohne Grund gegen Ihren eigenen Plan verstoßen haben. In diesem Fall traden Sie nämlich nicht, sondern Sie zocken eher. Das würde Sie in jedem Fall auf Dauer finanziell zerstören.

Eine passende Trading-Strategie ist wichtig, allerdings genügt es nicht, um auf Dauer erfolgreich zu sein. Meistens verlieren Anfänger trotzdem ihr Vermögen, obwohl sie einen ausgearbeiteten Plan haben. Das passiert meistens, wenn ein Geschäft aufgebaut wird, von dem man keine Ahnung hat. Die Lösung zu diesem Problem ist leicht: Bilden Sie sich weiter! Man lernt nie aus, schon gar nicht im Bereich der Börse. Experten betonen daher oft genug, wie wichtig es ist, eine Forex-Ausbildung zu haben. Die meisten Anfänger beginnen einfach mit dem Geschäft, ohne vorher diverse Bücher oder Artikel über das Trading zu lesen. Lesen Sie ständig und besuchen Sie vielleicht sogar einige Seminare und Schulungen. Auch können Sie sich heutzutage sehr gut im Internet weiterbilden, indem Sie an Webinaren teilnehmen. Doch nicht nur in der Theorie sollten Sie sich viel über das Thema informieren, auch sollten Sie sich praktisch fortbilden, indem Sie sich ein Demokonto anlegen. Verbringen Sie viel Zeit mit Ihrem Demokonto und erkunden Sie Ihre Aha-Momente. Niemand weiß, wie viele Sie davon brauchen werden, um auf Dauer als Daytrader ein Einkommen zu verdienen.

Neben dem ganzen Fachwissen muss unbedingt ein Trading-Plan her. Ohne einen Plan zu agieren, ist einer der größten Fehler an der Börse. Wieso manche Anfänger dazu neigen, ohne einen Plan loszulegen? Möglicherweise wissen sie einfach nicht, welche Form ein Trading-Plan hat und wie dieser zu gestalten ist. Ein Trading-Plan ist ein sehr strenger Plan mit Regeln, der sich aus einer gut ausgearbeiteten Strategie und dem Money Management des Handelnden zusammensetzt. Er enthält meist folgende Angaben:

Wann soll ein Trade eröffnet werden? Welche spezifischen Marktbedingungen müssen gelten? Welcher Geldbetrag wird mit einem Trade riskiert? Wie sehen die Marktbedingungen aus, wenn man falsch liegt? Wie sehen die Bedingungen aus, wenn man richtig liegt? Welche Zeit gibt man dem Markt, um die Ziele zu erreichen? Haben Sie alles aufgeschrieben und dokumentiert?

Die Entwicklung des Forex Trading kann man oftmals als sehr hektisch beschreiben. Dementsprechend sollte man sich vorher überlegen, ob man nur sein Risikokapital investieren will und ob man es sich auch leisten kann, es zu verlieren. Zudem sollte man sich auch überlegen, was der maximale prozentuale Anteil des Gesamtinvestments ist, den man in einem Handel riskieren will, und wie hoch die maximale Anzahl an Trades ist, die man offen haben kann. Das Money Management kann sehr komplex werden, weil es extrem von der angepeilten Strategie abhängt. Wieder ein Grund mehr, erst einmal mit einem Demokonto zu üben, bevor man ein Live-Konto eröffnet.

Was denken Sie, ist das Richtige? Eher potenziell weniger Profit herausschlagen oder den größtmöglichen Gewinn erwirtschaften? Eine sehr schwere Frage für Anfänger, die noch keine Ahnung vom Daytrading haben. Als Daytrader darf es nicht der wichtigste Grund sein, Geld zu verdienen. Ist Geld verdienen das einzige Ziel, könnte das vor allem zur Anfangszeit ein Grund zum Scheitern sein. Rennt man dem Geld quasi hinterher, bricht man höchstwahrscheinlich auch eine Regel des Trading-Plans. Teilweise führt der Regelverstoß sogar zu einer höheren Rendite. Bricht man eine Regel nach der anderen, kann das auf lange Sicht zu einem leeren Konto führen. Bei diesem Anfängerfehler spricht man vom Overtrading. Einer der größten Fehler beim Daytrading ist es also, über nicht genügend Kapital zu verfügen, um mit höheren Volumina zu handeln. Außerdem besteht auch die Gefahr zur Trading-Sucht, zum Beispiel zu dem Zeitpunkt, wenn der Trader zu viele Trades eröffnen will.

SCHRITT FÜR SCHRITT ZUR ERFOLGREICHEN TRADING-STRATEGIE

Klären wir zunächst die Frage, wieso man überhaupt so dringend eine erfolgreiche Trading-Strategie haben sollte. Durch den Einsatz des Hebels kann man beim Trading in kürzester Zeit sein Kapital vervielfältigen. Auch kann man sein Kapital damit ganz schnell vernichten. Um sein Kapital natürlich zu vermehren, benötigt man dringend eine funktionierende Strategie. Man könnte auch ohne Plan mit dem Traden beginnen, das könnte auch für einige Zeit funktionieren, doch irgendwann ist der entscheidende Punkt erreicht, an dem man es bereut, keine Strategie gehabt zu haben. Eine erfolgreiche Trading-Strategie ermöglicht stetige Gewinne, um sein Konto Stück für Stück zu vergrößern.

Viele Anfänger glauben nämlich daran, dass sie einfach nur einem erfolgreichen Trader folgen können, um einen großen Schritt nach vorne zu machen. Sie können zwar die Strategie des anderen Traders kopieren, allerdings wird auch das auf Dauer nicht funktionieren. Das klassische Copy Trading wird leider nur kurzfristig etwas bringen und ein paar Gewinne einfahren. Doch das Handeln mit fremden Trades kann auch nach hinten losgehen. Wenn ein Trader seine Trades in Echtzeit abschickt, kann man frühestens mit einer Verspätung von 1-2 Minuten nachziehen und ebenfalls auf den Zug springen. Doch das gestaltet sich als ziemlich problematisch. Als Daytrader, der nur wenige Punkte anzielt, sind 1-2 Minuten eine sehr lange Zeit. Mit dieser Zeitverzögerung können die Kurse dann schon wieder weit weg sein. Wenn der Daytrader, dem man folgt, schon sehr erfolgreich in diesem Business ist, ist es zudem sehr schwer, mitzuhalten. Wenn er dann auch noch ohne Stop-Loss handelt, ist das ein sehr riskanter Trading-Stil. Kann man mit dem Profi-Trader, auch aufgrund des Millionenkontos, nicht mithalten, wird man einige Verlustphasen durchmachen müssen. Die Psyche spielt in diesen Verlustphasen oft nicht mit, sodass man vermutlich Entscheidungen treffen wird, die ebenfalls negative Konsequenzen mit sich ziehen werden. Um sich nicht in den Ruin zu treiben, sollten Sie deshalb eine eigene Trading-Strategie entwickeln.

Folgende Faktoren sollten Sie dabei dringend beachten:
Finden Sie eine Strategie, die zu Ihrer Kontogröße passt.
Ihre Strategie sollte zu Ihren Charaktereigenschaften passen.
Die Trading-Strategie sollte zu Ihrem Fachwissen und Ihren Kenntnissen passen.

Ein weiterer Grund, warum Sie unbedingt eine eigene Trading-Strategie benötigen und nicht auf andere vermeintlich erfolgreiche Trader setzen sollten, ist das falsche Bild, was Sie vermittelt bekommen. Wenn Sie nun eine Liste mit den Top-Tradern bekommen, können Sie auf dieser besagten Liste sofort erkennen, wer ein guter Trader ist? Nein, können Sie nicht. Eine gewisse Prozentzahl, die hinter den Namen der Top-Trader steht, kann Ihnen nicht verraten, wie die Fähigkeiten eines Traders sind und ob er gut ober eben nicht gut ist. Eine Prozentzahl von über 300 % sieht erst einmal sehr beeindruckend aus, aber wie ist diese Zahl wirklich zustande gekommen? Wenn die Person nur drei Trades benötigt hat, wäre das sogar eine Katastrophe, da sie vermutlich mit jedem einzelnen Handeln ein überdurchschnittlich hohes Risiko getragen hat und somit zu den wagemutigen Tradern gehört.

Wenn allerdings dafür 300 Trades innerhalb einer größeren Periode getätigt wurden und der maximale Drawdown 15 % nicht überschritten hat, ist der Daytrader wirklich ein Profi. Ein Drawdown ist ein Wertverlust, der den Verlust zwischen einem Höchststand und dem darauffolgenden Tiefststand widerspiegelt. Somit haben Sie nun einen kleinen Einblick bekommen, was eine gute Trading-Strategie ist. Eine positive Rendite und einen maximalen Verlust von 15% (diese sind auf das Kontokapital bezogen) sind der Grundstein für eine erfolgreiche Karriere als Daytrader. Wie Sie das nun erreichen können, werden wir mit Ihnen in einer einfachen Schritt-für-Schritt-Anleitung durchgehen. Ihre Trading-Strategie sollte Ihnen auf Dauer regelmäßige Profite einbringen. Dies können Sie nur erreichen, wenn Sie eine persönliche Strategie für sich gefunden haben, die zu Ihren Eigenschaften passt. Nehmen Sie sich Zeit und gehen Sie folgende Schritte durch, um Ihre auf Sie zugeschnittene Strategie zu finden.

Schritt 1

Im ersten Schritt gilt es, zu erforschen, welcher Stil zu Ihnen passt. Probieren Sie verschiedene Setups, also Hilfsprogramme, aus und filtern Sie die Ansätze heraus, die möglicherweise in Frage kommen könnten. Auch können Sie die Ansätze herausfiltern, die für Sie gar nicht in Frage kommen. Zudem sollten Sie die Fragen klären, ob es einen bestimmten Markt gibt, an dem Sie handeln wollen, und welche Uhrzeit für Sie in Frage kommt, um traden zu können. Außerdem sollten Sie den Punkt klären, ob Sie einen Trade nur für kurze Zeit, also für ein paar Sekunden oder Minuten, oder ob Sie einen Trade sogar mehrere Tage halten wollen. Auch ist die Familie oder allgemein die berufliche Situation entscheidend für die perfekte Trading-Strategie.

Wie passen diese Situationen zusammen? Wollen Sie die Trades nur für eine sehr kurze Zeit halten, dann sind Sie womöglich ein Scalp Trader. Sind Sie daran interessiert, die Trades für mehrere Stunden zu halten, dann sind Sie ein Daytrader. Wenn Sie die Trades über mehrere Tage oder sogar Wochen besitzen, sind Sie ein Swingtrader. Alle Stile können gutes Geld einbringen oder auch wieder vernichten. Es gibt normalerweise keine bessere oder schlechtere Variante, denn es liegt ganz allein an der Umsetzung des Traders.

Schritt 2

Um Ihre perfekte Strategie zu finden, sollten Sie sich auch über die Fundamentaldaten informieren. Die Analysen von betriebswirtschaftlichen Daten und dem ökonomischen Umfeld eines Unternehmens sind sehr wichtige Faktoren in Bezug auf die persönliche Trading-Strategie. Je nach Setup benötigen Sie also die Fundamentaldaten mal mehr oder auch mal weniger. Im Forex Trading zum Beispiel machen diese betriebswirtschaftlichen Daten ungefähr 60 % der Strategie aus. Auch können charttechnische Ansätze für Ihre Strategie benutzt werden. Der Ausbruchhandel konzentriert sich zum Beispiel überwiegend auf die Chartkonstellation. Finden Sie ein paar Faktoren interessant? Haben Sie sogar schon mit einigen Indikatoren gute Erfahrungen gemacht? Super! Achten Sie allerdings darauf, dass diese Funktionen nur einen Teil der Strategie ausmachen und nicht die Basis einer Strategie sind.

Schritt 3

Hat man sich schon grobe Gedanken gemacht, muss man den richtigen Einstieg in die Thematik finden. Es gibt zwei Handelsansätze, den Trendhandel und den Korrekturhandel. Beim Trendhandel hat der Trader die Möglichkeit, einen zukünftigen oder bereits vergangenen Trend zu erkennen. Anschließend hat dieser die Chance, seine Position in dem Trend zu festigen. Der Trader geht automatisch long, wenn auch der Trade long ist. Wer also eine Position eingeht, die long ist, kauft eine Aktie möglichst günstig ein, um sie zu einem späteren Zeitpunkt wieder möglichst teuer zu verkaufen. Ist der Trend short, geht auch der Trader short. Wer eine Position shortet, tätigt einen Leerverkauf. Er verkauft also Aktien, die er selbst gar nicht besitzt. Man leiht sich die entsprechende Aktie also von seinem Broker und versucht, diese im Anschluss so teuer wie möglich wieder zu verkaufen, um sie danach wieder günstig zurückzukaufen. Der Trendkanal kann sogar als Hilfsmittel eingezeichnet werden.

Der Korrekturhandel ist hingegen etwas schwerer, aber dennoch lohnenswert. Bei diesem Handel sieht der Trader, dass eine Bewegung wahrscheinlich enden wird und er kann sich so gegensätzlich zu den letzten Aktivitäten positionieren. Die passenden Funktionen für einen Korrekturhandel sind die Pivot Points und Fibonacci Retracements.

Allerdings sollten Sie darauf achten, dass Sie mehrere Zeiteinheiten im Blick haben.

Verfolgt man diese beiden Handelsansätze, werden Sie mit Sicherheit gute Gewinnaussichten haben. Selbstverständlich gibt es auch noch andere Ansätze, wie beispielsweise den Ausbruchshandel oder die Martingale Strategie, doch alle Strategien vorzustellen, würde den Rahmen des Ratgebers sprengen. Die beiden vorgestellten Varianten sind mitunter die einfachsten Ansätze für Anfänger im Daytrading.

Schritt 4

Wo man einen Ausstieg aus einem Trade findet, können Sie in diesem Schritt erfahren. Mittlerweile sind Sie im Risikomanagement angekommen. Im Rahmen Ihrer Trading-Strategie müssen Sie einen Stop-Loss und ein Take-Profit festlegen, um Ihr Risiko einzudämmen. Bei einer Stop-Loss-Order bestimmt ein Anleger einen Kurs unterhalb des aktuellen Wertes, bei dem ein Wertpapier wieder veräußert werden soll. Gezielte Gewinne werden so ganz einfach gesichert und schwerwiegende Verluste werden verhindert. Eine ideale Regel zur Festsetzung gibt es leider nicht. In den häufigsten Fällen wird von Experten eine Spanne von 10 Prozent unter dem aktuellen Kurs genannt. Bei Aktien, die hohe Schwankungen aufweisen, wird der Abstand in der Regel etwas höher, etwa bei 20 Prozent, gesetzt. In jedem Fall ist die Spanne jedoch vollkommen abhängig von Ihrer Risikoneigung, der Volatilität und der Aktie sowie von der aktuellen Marktlage.

Beim Take-Profit, auch als Zielpreis bezeichnet, verhält es sich genau umgekehrt. Die Order wird dem Broker mitgeteilt, damit er eine offene Position oder einen Trade bei einem bestimmten Höchstkurs schließen kann. Beim Take-Profit sollten Sie den Trade verlassen, wenn Sie einen ansehnlichen Gewinn erwirtschaftet haben. Warten Sie nicht zu lange und finden Sie heraus, ob es ein bestmögliches Niveau gibt, welches einen logischen Take-Profit zulässt. Jeden Trade sollten Sie als eigenes Geschäft behandeln und dementsprechend sollten Sie Chancen und Risiken gekonnt abwägen.

Pro Trade sollte man höchstens 1 % seines Kontokapitals riskieren. Diese Technik macht es möglich, dass man sich 100 fehlerhafte Trades am Stück leisten kann. Außerdem hat man durch diese Technik eine sehr geringe Depot-Volatilität. Das Konto sollte nämlich stets geschützt sein, erst danach sollte man sich um eine erträgliche Rendite kümmern.

Schritt 5

Sie fragen sich schon die ganze Zeit, welches Finanzinstrument zu Ihrem Trading-Setup passt? Eine gut durchdachte Strategie hilft Ihnen nicht, wenn das Finanzinstrument, mit dem Sie handeln, unberechenbar ist. Auch in diesem Schritt müssen Sie wieder testen und verschiedene Produkte ausprobieren. Welches Finanzinstrument passt am besten in Ihren Plan? Viele Daytrader schwören auf CFDs, also auf die Differenzkontrakte. Man spricht von einem sogenannten Derivat. Ein Derivat ist ein Wertpapier, dessen Wert, oder besser gesagt dessen Wertentwicklung, von der Entwicklung einer oder mehrerer Basiswerte abhängt. CFDs sind transparent und sehr leicht zu verstehen. Viele Broker handeln momentan mit CFDs, sodass die Qualität in der letzten Zeit enorm gestiegen ist.

Mit Optionsscheinen sollten Sie hingegen aufpassen, da die Banken oft den Spread oder den Zeitwert ändern und sozusagen spielen, sodass die Scheine nicht immer faire Preise bekommen. Egal, für welches Finanzinstrument Sie sich entscheiden werden, wichtig ist, dass dieses Instrument, mit welchem Sie handeln, zu 100 % von Ihnen verstanden wird. Ein anderer Faktor sind die Kosten, auf die Sie ebenfalls achten müssen. Die Gebührenstruktur eines bestimmten Finanzinstrumentes kann Ihnen ganz schön das Geld aus der Hand fressen.

Schritt 6

Was Sie bis jetzt bereits herausgefunden haben, ist schon einmal ein großer Fortschritt und ein wirklich gutes Grundgerüst. Der Grundstein ist gelegt, jetzt muss Ihre neue Trading-Strategie nur noch zum Leben erweckt werden. In der Praxis heißt es nun: Probieren Sie es auf einem Demokonto aus! Ein Demokonto eignet sich hervorragend, um zu üben und ein Gefühl für das Trading zu bekommen. Testen Sie Ihre Strategie ganz bewusst über mehrere Wochen oder sogar Monate, um ein gewisses Gefühl dafür zu bekommen. Probieren Sie Ihre Trading-Strategie idealerweise in mehreren Marktphasen, um die Standhaftigkeit zu testen. Bei einem Demokonto handelt man mit Spielgeld, welches von vielen

Brokern umsonst angeboten wird. Halten Sie Ihre Strategie schriftlich fest und vermerken Sie dabei, wann Sie traden und wann nicht. Vergessen Sie allerdings nicht, dass Sie nicht nur die wichtigsten Ergebnisse der einzelnen Trades notieren sollen, sondern auch Ihre Gedankengänge und Emotionen, die Ihnen aufgefallen sind. Auch sollten Sie sich ständig fragen, ob Sie von Ihrer Strategie abgewichen sind und wenn ja, was Sie dazu veranlasst hat. Außerdem sollten Sie sich alle Fehler notieren, die Sie gemacht haben. Nur so können Sie auch aus Ihren Fehlern lernen und sich beim nächsten Mal verbessern oder sogar etwas ändern. Wenn Sie zu guter Letzt feststellen sollten, dass Ihre Strategie in der Summe mehr Gewinne als Verluste eingebracht hat, können Sie mit hoher Wahrscheinlichkeit davon ausgehen, dass Sie eine funktionierende Strategie erstellt haben. Wurde eine funktionierende Trading-Strategie erstellt, dann – und nur dann – sind Sie bereit für den Handel mit echtem Geld. Hier erwarten Sie dann wieder neue Herausforderungen – die Psyche.

Die einfachen Regeln

Im Folgenden finden Sie einfache Regeln, mit denen Sie schnell die ersten Erfolge beim Daytrading erzielen können. So können Sie von Anfang an hohe Risiken vermeiden und mit einem sicheren Gefühl den Handel angehen – denn ein gesundes Selbstbewusstsein hilft bei jeder Situation!

EINE KUNST MIT KLAREN REGELN

Goldene Regeln für Trading-Anfänger

Wer in die Welt des Tradings einsteigen will, muss natürlich auch wissen, was er da eigentlich macht. Beim Trading verhält es sich nicht wie beim Glücksspiel. Man kann nicht einfach aus Zufall sein Geld richtig positionieren und damit das ganze Leben lang hohe Gewinne einfahren. Das ist und bleibt einfach ein Ding der Unmöglichkeit. Trading bedeutet nichts anderes, als Schwankungen auf den unterschiedlichen Finanzmärkten zu nutzen. Man versucht also, die sogenannte Volatilität für sich zu nutzen, um Gewinne zu erwirtschaften. In der Praxis werden Wertpapiere, Währungen beim sogenannten Forex Trading sowie Rohstoffe oder Differenzkontrakte gehandelt. Schon allein bei diesem Punkt kann auf Anfänger sehr viel Arbeit zukommen.

Sind Daytrader noch sehr unerfahren, müssen sie sich erst einmal mit allen Finanzprodukten vertraut machen. Außerdem sollten angehende Trader wissen, dass es in jedem Fall nicht um langfristige Investitionen geht. Als Trader eröffnet man Positionen, um sie kurz danach wieder zu schließen. Kurzfristige Käufe und Verkäufe stehen also im Fokus beim Trading. Aufgrund der kurzfristigen An- und Verkäufe muss beim Trading viel spekuliert werden. Spekulationen gehören im Leben eines Traders also einfach dazu. Trader versuchen, eine Marktentwicklung zu entdecken und zu analysieren, um dann kurzzeitige Kurssteigerungen auszunutzen. In welches Finanzinstrument investiert wird, ist erst einmal zweitrangig.

Gerade Anfänger sind sich nicht bewusst darüber, welches Risiko hinter diesem Business steckt. Trading ist immer mit einem hohen persönlichen Risiko verbunden, sodass die oberste Regel immer lauten sollte: Niemals Geld einsetzen, welches man für den Lebensunterhalt unbedingt benötigt. Doch das könnte bei den meisten Menschen schon problematisch werden, da man mindestens im niedrigen vierstelligen Bereich investieren sollte, um langfristig gesehen nennenswerte Gewinne verbuchen zu können. Sie werden nun 5 goldene Regeln lesen, die Sie immer und überall beachten sollten, wenn Sie ins Trading-Geschäft einsteigen wollen.

Regel Nr. 1

Overtraden Sie niemals! Das Overtrading kann durch eine zu große Positionsgröße oder durch zu viele Trades in einer Zeitspanne kommen. Damit es gar nicht erst dazu kommt, sollte das Money-Management eine sehr große Rolle spielen und niemals außer Acht gelassen werden. Aktiven Tradern wird daher empfohlen, niemals mehr als 2 % des Trading-Kapitals in einem Trade zu riskieren. Dieser Richtwert hängt allerdings auch von der Frequenz ab. Handelt man mit wenigen Trades im Jahr, kann pro Woche ein höheres Risiko eingegangen werden. Bei einem Trading-Ansatz mit sehr vielen Trades im Jahr sollte man hingegen ein geringes Risiko eingehen. Nach einiger Zeit wird jeder Trader seine eigene Strategie finden, sodass er selbst am besten weiß, wie viel er riskieren kann.

Regel Nr. 2

Niemals gegen den Trend! Anfänger, die gerade in das Trading-Business eingestiegen sind, neigen dazu, jede kleinere Bewegung mitnehmen zu wollen. Meistens endet das dann damit, dass sie verlieren. Oft lässt man sich durch seine Gier oder einen zuvor größeren Gewinn leiten, auch kleine Gegenbewegungen mitzunehmen. Diese sind aber viel unsicherer als die größeren Bewegungen, die mit dem Trend gehen. Sie orientieren sich nämlich selten an Chartmarken, sodass man keine ordentlichen Einstiegspunkte hat und seine Stop-Loss-Order blind setzen muss.

Regel Nr. 3

Wechseln Sie Ihre Strategie nicht nach jedem Trade. Jeder Trader hat seine eigene Strategie, die verschiedenen Vorgänge können aber noch so unterschiedlich sein, die Muster zur Problemlösung sind allerdings erschreckend gleich. Der Fehler beginnt meistens bereits bei der Wahl des Mentors oder dem Strategieansatz. Die meisten Anfänger schauen sich nach den besten Referenzen um, sich nach den schlechtesten Referenzen umzuschauen, wäre natürlich auch äußerst unsinnig. Allerdings kommt es nicht nur auf die Performance an, viel wichtiger ist der Zeitraum.

Wichtig ist nicht, wie es zwischen den Monaten 12 und 24 ausschaut, viel wichtiger ist es, ob jemand über einen langen Zeitraum überlebt und stets wieder neue Hochs erhandelt. Wenn Sie stets zu dem Mentor gehen, bei dem das letzte Jahr vielleicht äußerst erfolgreich war, dann landen Sie womöglich bei jemandem, der aktuell eine Überrendite erhalten hat. Mathematisch gesehen bedeutet dies, dass demnächst eine Unterrendite fällig wird. Aus diesem Grund empfehlen Experten: Bringen Sie eine Konstante in Ihr Trading-Verhalten. Marktphasen laufen meistens zwei bis drei Jahre. Eine Strategie sollte daher verschiedene Marktphasen durchlaufen haben. Erst danach sollten Sie Bilanz ziehen und entscheiden, ob diese Strategie weiterverfolgt oder verworfen werden soll.

Regel Nr. 4

Handeln Sie stets nach Fakten und nicht nach diversen Meinungen! Menschen brauchen die Bestätigung von anderen Menschen, außerdem suchen Sie stets nach Sicherheit. Aus diesem Grund tun sich die Menschen auch immer wieder in Gruppen zusammen. Sie machen zusammen Sport, sie gehen gemeinsam in ein Restaurant, sie besuchen zusammen coole Partys oder machen andere Dinge gemeinsam. Auch gehen sie immer den absurdesten Trends nach, die ihnen von der Öffentlichkeit vorgelebt werden. Fakt ist: Die Masse lebt ihnen diese Welt vor. Auch ein Trader hat es nicht gerade einfach. Er eröffnet eine Position, die er gut und fundiert hergeleitet und begründet hat. Läuft diese allerdings nicht mehr so gut, wie normal angenommen, beginnt der Trader, auf die Suche nach einer Bestätigung für seine Positionierung zu gehen. Normalerweise müsste er in diesem Fall seine Strategie abklopfen und seine

Vorgehensweise auf Korrektheit prüfen. Doch meistens fehlt die Geduld und die Bestätigung von anderen ist leicht einzuholen.

Manche suchen in einer gängigen Suchmaschine nach Bestätigung und nach Meinungen von Analysten. Danach stöbert der Trader vermutlich durch unzählige Foren, um noch genauere Informationen zu bekommen. Doch in den meisten Fällen haben die sogenannten Experten genauso viel Wissen, wie der Anfänger selbst. Ohne dieses zu beachten, erhofft sich der Neuling Bestätigung durch andere, um sich sicher und bestätigt zu fühlen. Ein schlimmer Fehler, denn es wird ihn höchstens noch mehr verunsichern. Meinungen entstehen durch subjektive und individuelle Prägungen, Präferenzen und Perspektiven. Entgegen unserer Hoffnungen sind Meinungen nie objektiv und sie können uns daher im Daytrading nur wenig helfen. Auch unsere eigene Meinung sollte man beim Trading außen vorlassen. Beim Trading sollten Sie eine emotionale Reaktion vermeiden und sich nur auf die aktuelle Faktenlage beziehen.

Meinungen sind nämlich oft gespickt von Halbwissen, wer etwas nicht studiert hat oder sich nicht ausgiebig mit der Materie beschäftigt hat, kennt die Sachlage nur oberflächlich. Dennoch kann eine Meinung geäußert werden, welche aber mit Sicherheit nicht wirklich hilfreich sein wird. Solche Meinungen sind häufig sehr subjektiv und wenig fundiert.

DER TRADING-PLAN

Das Vorwissen rund um die Börse, die Zeiteinheiten, CFDs und Forex sowie das Verinnerlichen von generellen Informationen zu Aktien und Trading werden ab sofort vorausgesetzt. Wenn Ihnen diese Begriffe noch immer nichts sagen, können Sie in diesem Ratgeber ruhig noch einmal an den Anfang gehen, damit Sie den kommenden Text ausreichend verstehen. Erst dann sollten Sie mit Ihrem Trading-Plan beginnen. Wer sehnt sich nicht danach, dem Hamsterrad zu entkommen und finanziell frei zu sein – und das mit wenig Aufwand? Erfolgreiches Daytrading an der Börse scheint ein einfacher Weg zu sein, um schnell reich zu werden, ohne viel Kraft und Anstrengung zu investieren. Immer mehr Menschen zieht es nämlich dorthin, doch wenige von ihnen schaffen den Durchbruch bzw. die finanzielle Sicherheit. Das Leben an der Börse ist hart und verlangt einiges ab. Wer an der Börse starten will, der kann sich sicher sein, dass es nicht einfach werden und auch nicht immer alles funktionieren wird. Um schon am Anfang gut vorbereitet zu sein, sollten Sie sich einen Trading-Plan machen. Sie erhöhen die persönliche Wahrscheinlichkeit, zu den Gewinnern zu gehören. Ohne einen Plan brauchen Sie gar nicht erst anfangen, zu traden, da Sie dann nur Glücksspiel an der Börse betreiben.

Wenn das für Sie unverständlich ist, müssen Sie sich nur einmal einen Geschäftsführer vorstellen. Stellen Sie sich vor, Sie rufen Ihren Chef an und fragen ihn, wie sein Plan für die nächsten Wochen ist. Doch anstatt einer kompetenten Antwort stammelt er nur so vor sich hin und gibt zu, dass er noch nichts vorbereitet hat. Normalerweise erwarten Sie von einem ordentlichen Geschäftsführer, dass er neue Produkte vorstellt, neue Visionen und Ziele vor Augen hat und möglicherweise die Ausgaben minimieren will. Genau das erwarten Sie doch von Ihrem Chef, oder nicht? Sie erwarten zumindest, dass er seine Vorhaben grob benennen kann. Jedes vernünftige Geschäft, mit der Absicht, erfolgreich zu sein, benötigt einen genauen Plan und natürlich auch jemanden, der diesen Plan vernünftig umsetzt.

Viele Trader sind darauf allerdings nicht vorbereitet und lassen sich einfach vom Marktgeschehen lenken. Das geht auf Dauer allerdings alles andere als gut. Wollen Sie beim Trading nachhaltig Erfolg nachweisen, brauchen Sie zwingend einen Trading-Plan. Der Trading-Plan ist wie ein Businessplan bei einem Unternehmen. In diesem Plan stehen nämlich alle wichtigen Fakten rund um Ihr Daytrading. Die Strategie, die Handelszeiten, die Finanzinstrumente und noch andere Sachen können mithilfe des Plans immer wieder aufgerufen werden. Manche Trader fügen sogar ihre persönlichen Daten hinzu, wie die Motivation oder die persönlichen Ziele.

Trader, die für ein Unternehmen arbeiten, erhalten oft Pläne, die ihnen vorgegeben werden. Private Trader sind hingegen natürlich komplett frei in ihrem Handeln. Sie können ihren eigenen Plan ausarbeiten und ebenso professionell handeln und klar strukturiert vorgehen, wie die Trader, die fest für ein Unternehmen arbeiten. Experten empfehlen daher jedem privaten Trader, einen Trading-Plan zu erstellen und versuchen, nicht von diesen Vorgaben abzuweichen.

Doch nicht jeder Trading-Plan ist gleich. Jeder ist irgendwie individuell. Daher ist es äußerst schwer, einen kompletten Plan vorzugeben, weil sich die Ziele von jedem Trader, und natürlich nicht nur die Ziele, unterscheiden. Man kann lediglich zeigen, worauf jeder Anfänger achten sollte, und zusätzlich ein paar nützliche Tipps geben. Sie können sich natürlich nach diversen Vorlagen umschauen und diese je nach Belieben an Ihre Situation anpassen.

Was sollte ein Trading-Plan enthalten?
Die Ziele.
Die persönliche Motivation.
Mit welchem Finanzinstrument wird gehandelt?
Welche Märkte streben Sie an?
Die Handelszeiten
Die Zeiteinheiten und die Haltedauer von Positionen
Wie viel Zeit soll am Tag aufgewendet werden?
Risikokapital
Wie sieht das Risikomanagement aus?
Trading-Routinen
Trading-Strategie
Trading-Regeln

Ein besonders wichtiger Punkt im Trading-Plan sind die Ziele. Die Ziele und die Motivation stehen fast im Einklang, nur mit einem großen Unterschied: Die Ziele sollten immer messbar sein. Das bedeutet, dass Sie zu jedem Ziel eine Kennzahl benötigen, die Sie objektiv messen können. Die Ziele sollten spezifisch, messbar, akzeptiert, realistisch und terminiert sein.

S.M.A.R.T.

Spezifisch bedeutet in diesem Sinne, dass Sie Ihre Ziele genau nennen sollten. Die W-Fragen werden Ihnen bei einer präzisen Zielsetzung garantiert helfen. Wer ist involviert? Wo soll etwas passieren? Wann soll etwas passieren? Warum setzen Sie sich dieses Ziel? Auch realistisch sollten Sie mit Ihren Zielen umgehen. Sie können nämlich nicht erwarten, dass, wenn Sie noch nie einen Ausdauerlauf hinter sich gebracht haben, Sie einen Marathon laufen können. Unrealistische Ziele sorgen für Wut und Frustration, außerdem fördern sie negative Handlungen. Wenn Sie diese Haltung haben, blockieren Sie selbst Ihren Erfolg. Setzen Sie sich also ein realistisches Ziel, an das Sie glauben können und von dem Sie überzeugt sind, es zu schaffen. Welches Ziel erscheint in Ihrer derzeitigen Situation als realistisch?

Setzen Sie sich außerdem einen Termin fest. An diesem Termin muss nicht alles erreicht werden, oftmals reicht es schon, wenn kleine Teilerfolge zu sehen sind. Wenn Sie Sachen Schritt für Schritt erledigen, sind Sie jedes Mal aufs Neue motiviert, wenn etwas gut läuft. Die meisten Anfänger im Bereich Daytrading starten deshalb nur mit den Einstiegen, haben Sie das gemeistert, versuchen Sie sich an besseren Stopps. Später kommen Indikatoren dazu und Schritt für Schritt wird man dann zum echten Profi auf diesem Gebiet. Entscheidend ist, dass man sich nicht zu viel vornimmt.

Setzen Sie sich selbst Deadlines und nehmen Sie dadurch Ihr Ziel gesteigert wahr. Nutzen Sie diese Wahrnehmung und arbeiten Sie stets mit einer gewissen Ernsthaftigkeit. Sehen Sie, wie sich Teilaspekte umsetzen lassen, bringt dies neuen Mut und es sorgt für ein riesiges Motivationshoch. Haben Sie sich für Ihre Ziele keinen Termin gesetzt, geraten diese oft in den Hinterkopf und landen dort im Unterbewusstsein, bis sie irgendwann komplett in Vergessenheit geraten. Mithilfe der Fristen entwickeln Sie ein gesundes Verhältnis von Dringlichkeit und das wiederum fördert die Konzentration.

Was können Sie heute tun, um Ihrem Ziel ein Stück näher zu kommen?
Was können Sie in einem Monat erledigen, um Ihr Ziel zu erreichen?
Was können Sie in einem Jahr tun, um Ihr Ziel zu erreichen?

TRADING IST BUSINESS

Wer als Trader erfolgreich sein will, der sollte wie ein richtiger Unternehmer denken. Es ist sehr unwichtig, ob Sie nur in Ihrer Freizeit traden, als Teilzeit-Trader unterwegs sind oder hauptberuflich handeln. Wichtig ist nur allein, dass Sie die Börse verstehen. Das allein ist der Schlüssel zum Erfolg. Die Unternehmer-Perspektive ist in diesen Angelegenheiten eine wirklich nützliche Taktik, da sie emotionales Handeln, den ständigen Wechsel der Strategie oder das Eingehen zu hoher Risiken versuchen, zu vermeiden. Vor einer Karriere als Trader überlegt und plant der Unternehmer allerdings gründlich, um erst gar nichts zu riskieren. Er entwickelt also einen richtigen Plan, einen Handels- und Businessplan, unter anderem, um die statistischen Wahrscheinlichkeiten seiner geplanten Strategie zu überprüfen. Um sich finanziell nicht zu überschätzen, bezieht er alle Kosten wie Verluste, Gebühren, Finanzierungskosten und Aufwendungen für verschiedene Dinge in seinen Plan mit ein. Hat der Trader alle Ausgaben kalkuliert, kann er sich mit diesen Werten ein realistisches Ziel für sein Trading-Einkommen setzen.

Hat der Trader oder Unternehmer seinen Plan bzw. seine Unternehmensstrategie inklusive des Handelsansatzes dargelegt, muss er diesen Plan auch konsequent durchziehen. Die einzelnen Ergebnisse von kleineren Trades dürfen eigentlich gar keine Rolle spielen, da nur in regelmäßigen Abständen, meist einmal im Quartal, etwas genauer auf die Zahlen geschaut wird. Dabei wird dann überprüft, ob die Strategie funktioniert hat oder ob sie tatsächlich etwas angepasst und geändert werden muss. In der Theorie sollte diese Vorgehensweise als Trader unbedingt angewandt werden – schon allein um das Gefühl zu beruhigen und einen Plan zu haben, auch, wenn es vielleicht einmal nicht so gut läuft.

In der Realität sieht das allerdings etwas anders aus. Ein Trading-Anfänger geht seine ersten Wege meistens sehr entspannt an. Seine Ziele sind klar definiert: Gewinne erzielen. Wozu braucht er dann einen Plan, wenn er schon weiß, was er will? Ein Anfänger im Daytrading plant meist nicht von langer Hand, dabei dominieren die Gier und die Aussicht auf das schnelle Geld und den Reichtum. Meistens wird die Arbeit als

Trader auch vollkommen unterschätzt. Ein Anfänger nimmt die Planung gern einmal auf die leichte Schulter und unterschätzt das Handeln mit Wertpapieren. Schließlich kann man ganz leicht von zu Hause aus arbeiten, es sich dabei bequem machen und einfach traden. Das sollten Sie so schnell wie möglich wieder vergessen!

Trading ist ein Geschäft wie jedes andere auch. Die Chancen auf den großen Gewinn und auf Erfolg kommen nicht von allein. Ein Geschäft, auch das Geschäft eines Traders, braucht Planung und eine professionelle Umsetzung. Doch auch mit sehr guter Planung und einem gut überlegten System wird es Zeiten geben, in denen Verluste entstehen. Auch kann es passieren, dass über Monate hinweg gar kein Geld verdient wird. Wie berücksichtigt man so eine Phase überhaupt? Für diese Phasen müssen genügend Rücklagen vorhanden sein. Es muss genug Kapital zum Decken aller Lebenshaltungskosten verfügbar sein. Erfahrene Trader berücksichtigen in solchen Fällen immer den zu erwartenden Drawdown. Der Drawdown stellt einen Wertverlust dar. Es ist der Verlust zwischen einem Höchststand und dem darauffolgenden Tiefststand innerhalb eines bestimmten Zeitraumes. Erfahrene Trader kalkulieren diesen Wertverlust also meistens von Anfang an mit ein.

Wer in der ersten Zeit sehr erfolgreich als Trader handelt, sollte trotzdem seinen normalen Beruf nicht sofort an den Nagel hängen. Wer nämlich als Trader einmal eine schlechte Phase hat und viele Verluste einfährt, hat trotzdem ein gesichertes Grundeinkommen. Das trägt natürlich auch positiv zur psychischen Verfassung bei, denn wer auf der sicheren Seite steht und dementsprechend ein gesichertes Einkommen hat, kann mit den Dürreperioden im Trading vermutlich mental viel besser umgehen.

Um sich als Trading-Anfänger zu beweisen, benötigt man einen richtigen Plan. Es gibt Dinge in diesem Geschäft, auf die Sie unbedingt achten sollten, und dann gibt es natürlich auch die Dinge, die Sie nicht anwenden sollten, wenn Sie erfolgreich traden wollen. Der Börsenhandel vermittelt immer den Reiz des raschen Reichtums. Es wird einem versichert, dass man ohne großen Aufwand und nur mit geringen persönlichen Investitionen schnell und viel Geld verdienen kann. Doch in Wahrheit sieht es an der Börse ganz anders aus. Jeder erfahrene Trader weiß, dass das, was an persönlichen Ressourcen investiert werden muss, ziemlich heftig ist.

Als Trader sollte man nicht nach dem schnellen Geld streben. Als Trading-Anfänger sollten Sie versuchen, schnell Fortschritte zu erzielen und ständig an sich zu arbeiten. Das sind zwei komplett unterschiedliche Dinge, die Sie versuchen sollten, zu verstehen, wenn Sie wirklich einmal großes Geld in diesem Business verdienen wollen. Bevor noch einige Tipps genannt werden, lassen Sie uns eine Frage klären:

WAS BEDEUTET ERFOLG IM TRADING WIRKLICH?

Will man den Erfolg ein wenig beschleunigen, sollte man als Anfänger zuerst verstehen, was den Handelserfolg eigentlich ausmacht. Trading-Anfänger denken grundsätzlich erst einmal, dass Erfolg gleichbedeutend mit Geld ist. Am Ende kann man es auch ganz gut so darstellen, doch startet man als Anfänger, sollte man die Denkweise von Anfang an auf einen anderen Fokus legen. Das Risikomanagement spielt hier eine ganz wichtige Rolle. Eine klare Strategie zum Thema Risikomanagement muss nämlich von Anfang an bestehen. Wird das Risikomanagement vom Anfänger auf die leichte Schulter genommen, wird sein Konto sang- und klanglos untergehen. Kleine Positionen, ein niedriger Hebel und eine perfekte Stop-Loss-Order spielen in diesem Fall eine sehr große Rolle. Wird nur einem Parameter zu wenig Beachtung geschenkt, können Sie finanzielle Schwierigkeiten bekommen.

In den ersten Monaten und vielleicht sogar Jahren geht es vielmehr darum, seine persönliche Trading-Strategie zu entwickeln. Die Strategie sollte zu Ihnen als Trader passen. Auch sollten Sie versuchen, die verschiedensten Emotionen im Trading zu erkennen und zu kontrollieren, denn diese werden Sie mit Sicherheit früh genug erfahren. Wer nämlich seine Emotionen und seine Verhaltensweisen im Trading kennt, kann aus ihnen lernen und dadurch ein erfolgreicher Trader werden. Um erst einmal auf der sicheren Seite zu stehen, sollten Sie mit kleinem Kapital

Ihren Lernprozess stetig erweitern. Am Anfang werden Sie dabei Geld verlieren, davon können Sie ausgehen. Diese Lehrkosten können Sie über das Risiko selbst bestimmen. Doch natürlich wollen Sie Ihre Ausgaben in der Regel sehr geringhalten, nicht wahr?

Wenn Sie also über den Erfolg im Trading sprechen, dann sollten Sie Folgendes nennen: Handelserfolg ist dann, wenn ein Trading-Anfänger sich seine Zeit nimmt, die er braucht, und einen Plan entwickelt, der für alle Eventualitäten eine Antwort weiß. Mithilfe des Plans lernen Sie Ihre Trading-Strategie, inklusive der Kriterien für den Ein- und Ausstieg, sowie die entscheidenden Schritte für das Geldmanagement und das Risikomanagement und die Beachtung verschiedenster Emotionen. Das Lernen im Bereich des Tradings findet stetig mit der Zeit statt. Das angeeignete Wissen wird zu einer Art Einheit. Das lässt den Trader wachsen. Wussten Sie, dass viele Trader bei diesem Punkt aufhören? Die meisten sehen nämlich nach kurzer Zeit noch keinen Fortschritt, aus diesem Grund verlieren sie ihre Geduld und geben auf. Die meisten Trader erwirtschaften zudem auch erst nach ein paar Jahren des Lernens nennenswerte Gewinne. Nachdem Sie die Notwendigkeit des Risikomanagements nun hoffentlich erkannt und akzeptiert haben, geht es zum zweiten Faktor.

Disziplin ist an der Börse ein wirklich großes Thema. Die Anfänger und auch die Profis müssen diszipliniert und geduldig sein, da sie sich zu jeder Tageszeit an den Handelsplan halten müssen. Der Handelsplan ist dabei nichts anderes als ein bloßes Regelwerk. Es zeigt Ihnen auf, wann Sie Trades machen und wann Sie lieber vom Markt wegbleiben sollten. Der Plan hilft Ihnen speziell, diszipliniert zu bleiben, und stellt Ihnen täglich das passende Konzept zur Verfügung. Nur so können Sie auf Dauer konstante Gewinne erzielen. Allerdings können schon mal Jahre vergehen, bis Sie die perfekt für Sie ausgearbeitete Trading-Strategie erstellt haben. Die Strategie sollte natürlich aus dem Trading-Stil, dem Trading-Setup, unendlichem Fachwissen und dem Risikomanagement bestehen.

Ein wichtiger Kerngedanke, ist, dass Sie sich nicht unter Druck setzen, sondern geduldig sind, denn Sie werden merken, dass Sie mit einem geringen Kapital zwar Jahre benötigen, um Ihren Lebensunterhalt mit Daytrading zu finanzieren, dafür ist jedoch das Risiko geringer und Sie werden langfristig viel erfolgreicher sein. Mit ausreichend Disziplin können Sie das immerhin erreichen. Mitunter gibt es genügend Möglichkeiten, auch in wenigen Jahren als Vollzeit-Trader arbeiten zu können. Dazu brauchen Sie nicht einmal zwingend eigenes Geld. Der Weg zum Handelserfolg ist lang und steinig. Wenn Sie es aber schaffen, in den ersten beiden Jahren erfolgreich zu traden, bei niedrigstem Risiko, werden Sie für viele Investoren interessant sein.

Was Sie allerdings immer wieder von Ihrem Plan abhalten könnte, ist Ihre Gier und Ihre mangelnde Disziplin. Weil viele Menschen am Markt einfach nur schnelles Geld machen wollen, neigen sie dazu, den wirren Emotionen zu folgen. Diese Gefühle sind meist schuld daran, dass zu große Stückzahlen pro Trade genommen werden und damit zu viel riskiert wird. Das führt natürlich dazu, dass Sie langfristiges Geld verlieren würden, da Sie höchstens zwei bis drei Mal Glück haben werden, um Trades mit einem guten Gewinn abzuschließen. Der Markt ist gnadenlos und er wird sich das Geld mit Sicherheit in doppelter Menge von den Ungeduldigen und Undisziplinierten zurückholen.

WAS IST POSITION SIZING?

Wer in kurzer Zeit das Konto wachsen lassen möchte, kann das mittels Fremdkapitals tun. Sie können natürlich auch noch etwas anderes unternehmen, um Ihr Kontowachstum voranzutreiben. Während Sie mithilfe Ihrer Trading-Strategie und mit diszipliniertem Trading Ihr Konto wachsen lassen, können Sie auch vorsichtig beginnen, höhere Positionsgrößen auszusuchen. Anfänger allerdings sollten nie mehr als 1 % ihres Kontokapitals riskieren. Bei dieser Regelung sollten Sie sehr strikt sein, um möglichst lange an der Börse zu überleben. Fortgeschrittene oder Profis können da auch schon einmal gerne 5-10 % riskieren. Anfänger sollten das natürlich vermeiden, weil ihnen einfach die nötige Erfahrung fehlt. Daher sollten Anfänger es sehr langsam angehen lassen. Überstürzen Sie nichts! Sie haben alle Zeit der Welt! Das ist ja schließlich das Schöne am Trading, denn Sie können es unabhängig von Alter,

Geschlecht, Herkunft etc. machen. Natürlich können Sie sich auch den Ort und den Zeitpunkt aussuchen, wo und wann Sie Ihrer neuen Leidenschaft nachgehen.

Das Position Sizing macht dem Trader also klar, wie viel er in einen Trade investieren sollte. Es kann sehr verlockend sein, einen Handel abzuschließen, sobald er für Sie Gewinn abwirft. Besonders reizvoll ist dies natürlich auch dann, wenn sie kurz zuvor ein paar aufeinanderfolgende Verluste einstecken mussten. Allerdings müssen Sie dann auch einen Trade, der im Buchverlust landet, schnell wieder schließen. Das machen sehr wenige, denn die meisten Anfänger halten zu lange an schlechten Trades fest. Dazu muss allerdings auch Ihr Trading-Stil passen.
Verluste begrenzen und Gewinne laufen lassen.

WIE OFT SOLLTE MAN TRADEN?

Konnten Sie sich ein wenig an der Börse beweisen und haben Sie ein wenig Erfahrung in der Branche gesammelt, werden Sie erkennen, dass Sie, um erfolgreich zu sein, einfach weniger Trades am Tag durchführen sollten. Viele Anfänger neigen dazu, am Anfang möglichst viele Trades zu handeln, aber das ist ein großer Irrtum. Ein Trader hat einmal berichtet, dass er am Anfang am Tag 10-20 Trades durchgeführt hat, die aber nur selten begründet waren und seiner Trading-Strategie auch gar nicht wirklich entsprachen. Sobald er allerdings einmal einen fehlerhaften Trade hatte, wollte er sich aus Gier das Geld so schnell wie möglich zurückholen. Dementsprechend hat er irgendwelche sinnlosen Trades gesetzt, woraus sich eine eindeutige Abwärtsspirale ergab. Er stellte schnell fest, dass die sicheren und guten Trades diejenigen waren, die vorher ins kleinste Detail geplant wurden. Sie entsprachen also genau seinem Trading-Plan.

Der Markt ist ständig in Bewegung, allerdings wissen Sie nie genau, in welche Richtung, wie viel und wie weit. Sobald Sie also einen für Sie guten Trade platziert haben, denken Sie an Ihr Risikomanagement. Setzen Sie Ihre Stop-Loss-Order und Ihre Take-Profit-Order und lassen Sie die Zeit für sich sprechen. Außerdem müssen Sie dann nicht die ganze

Zeit vor dem Monitor sitzen und alles ganz genau beobachten. Der Abstand vom Bildschirm wird Ihnen mit Sicherheit helfen, in der nächsten Phase diszipliniert zu sein und weniger emotional auf Veränderungen an der Börse zu reagieren. Sie stellen jetzt bestimmt fest, dass Trading eine tägliche Abarbeitung eines perfekt erstellten Plans ist, eines sicheren Plans in einem Umfeld voller Schwankungen und Unsicherheiten. Dabei sind Sie vermutlich selbst Ihr größtes Hindernis, um an der Börse schnell und auf Dauer gutes Geld zu verdienen.

Praxisbeispiel Daytrading

Unabhängig davon, ob man dem Traum, reich zu werden, oder seinem üblichen Tagesgeschäft nachgeht, bezeichnet man das Daytrading gern als eine "Fluch-oder-Segen-Unternehmung". Der Begriff "Daytrading" beinhaltet schon wesentliche Merkmale dieses unternehmerischen Handelns: Im Laufe eines Tages beobachtet man die Entwicklungen von Börsenkursen und versucht, Gewinnpotenziale zu erkennen, um diese dann auszunutzen, also mit Aktien, Devisen oder Derivaten zu handeln und schließlich einen reellen Gewinn zu erzielen.

In Deutschland ist das Daytrading allerdings weit und breit beliebt – laut Schätzungen von Experten auf dem Gebiet des Online-Tradings sind 50.000 bis 500.000 Menschen hierzulande im Trading-Feld tätig. Was für viele nach einer vielversprechenden Möglichkeit aussieht, wird von Sachkundigen aber manchmal eher kritisch beleuchtet. Laut einer im Auftrag von eToro (eine der weltweit erfolgreichsten Social-Trading-Plattformen) durchgeführten Studie ergibt sich im Jahresverlauf eine achtzigprozentige Chance, dass die Daytrader 36,3 % von ihrem kurzzeitig angelegten Geld verlieren.

Daytrading gilt deswegen zugleich als Risikogeschäft und Profibereich. Wer sich dafür entschieden hat, Daytrading eine Chance zu geben, muss ein Auge auf Folgendes haben: Als Erstes ist es wichtig, sich als Trading-Anfänger darüber bewusst zu werden, dass man beim Daytrading mit eigenem Kapital handelt, weswegen dieses unternehmerische Verfahren reale Risiken und unmittelbare Konsequenzen für den Ausübenden birgt. Um schwerwiegende Verluste in der Anfangsphase zu verhindern, empfiehlt es sich, ein risikofreies Demokonto anzulegen, über das man sich in die Praktiken und die Gewohnheiten einarbeiten und sich ein realistisches Bild von den Realbedingungen des Daytradings verschaffen kann. So entwickeln Sie ein Gefühl für lukrative Handelsstrategien und erwerben dazu ausreichende Kenntnisse der Marktfunktionsweisen. Später ergibt sich die Möglichkeit, zu einem offiziellen Konto zu wechseln und mit den Echtgeldinvestitionen anzusetzen.

Um dauerhaften Erfolg zu sichern, hat sich als Faustregel bewährt, dass man jeden Tag eine andere Strategie für die jeweilige aktuelle Marktsituation verwenden muss. Zwei der gängigsten Daytrading-Strategien sollten Sie als Anfänger unbedingt kennen – Scalping und Breakout. Unter dem Scalping-Ansatz versteht man das Trading-Vorgehen, bei dem man versucht, möglichst viele Handelsaktionen abzuschließen, die weniger als zehn "Prozentsätze in Punkten" Gewinn bringen und nebenbei dafür sorgen, dass mögliche Verluste in geringen Grenzen gehalten werden.

Die Breakout-Strategie ist davon gekennzeichnet, dass sie häufig in Anschluss an Pressemitteilungen zum Vorschein kommt. Bemerkt man infolge einer signifikanten Wirtschaftsmeldung starke Marktbewegungen, versucht man, sich Positionen in Richtung der jeweiligen Bewegung zu sichern, damit nach dem Ausbruch-Trade die bestmöglichen wirtschaftlichen Vorteile daraus gezogen werden können. Am Anfang ist als Nächstes von essenzieller Bedeutung, den richtigen Daytrading-Broker zu wählen. Dabei sollte man darauf achten, dass die Nutzungskosten mit den möglichen Gewinnaussichten bei dem jeweiligen Broker vereinbar sind. Ein international anerkannter Broker ist etwa Admiral Markets, der mit seiner Auszeichnung "Wahl zum Online-Broker 2018" erfolgreich überzeugt und trotzdem eher für fortgeschrittene Kapitalanleger passend ist.

Sollte Ihr Startkapital auch relativ erheblich sein, ist davon allerdings abzuraten, mit Forex oder CFD ins Daytrading-Leben zu starten. Forex Trading bietet zwar auf den ersten Blick beeindruckende Finanzvorteile, wie etwa die hohe Hebelwirkung, aber es hat sich mit der Zeit erwiesen, dass das Risiko, mit Forex Trading die gesamten Einnahmen zu verlieren, ziemlich hoch liegt. Am Ende des Tages ist es von ebenso großer Bedeutung, eine Bilanz über den Geschäftstag zu ziehen: Welche Trades sind erfolgreich abgeschlossen worden? Hat die Trading-Strategie die gewünschten Ergebnisse mit sich gebracht? Wie können begangene Strategiefehler in Zukunft umgangen werden? In der Analysephase kann man ein hilfreiches Tool, wie etwa Admiral Connect Expert Advisor, zur Hilfe heranziehen, um sich Klarheit über die Endergebnisse des Geschäftstages zu verschaffen und künftige, noch besser funktionierende Ertragssicherheitsstrategien zu entwickeln. Alles in allem darf man behaupten, dass Daytrading trotz der reichlichen Menge an Risiken auch viele Vorteile bieten kann.

Darunter sind die Swap-Kosten (Tausch von Forderungen in Währung) und die durch Trader-Aktivität beeinflusste Volatilität der Märkte zu nennen. Es besteht bei Daytrading die Möglichkeit, mit verschiedenen Währungspaaren zu handeln. Mit welchen lohnt es sich aber wirklich, Devisenhandel zu betreiben? Das sind in aller Regel die Währungen der weltweit wirtschaftsstärksten Länder, welche die höchste Volatilität aufweisen. Die beliebtesten Daytrading-Währungspaare sind unter anderem Euro/US-Dollar, US-Dollar/Japanische Yen und Britische Pfund/US-Dollar.

Beim Handeln mit den oben genannten Währungen ist aber höchste Aufmerksamkeit geboten, da sich die hohe Volatilität zu jeder gegebenen Zeit als zweischneidiges Schwert erweisen kann. Denn bekannterweise sorgen Währungspaare, die hohe Liquiditätseigenschaften aufweisen, nicht nur für die Erwirtschaftung von Gewinnen, sondern auch für die Generierung von erheblichen Verlusten. Besonders für Einsteiger wird der Handel mit dem Währungspaar Euro/US-Dollar wegen seines niedrigliegenden Spread-Wertes (Differenz zwischen dem Ankaufspreis und dem Verkaufspreis) empfohlen. Es gibt jedoch mehrere Risikomanagementmethoden, die einem angehenden Trader die Arbeit erleichtern. Eine wichtige Methode ist dabei die Verlustminimierungsmethode bei der Hebelwirkung. Sie stellt sicherlich für jeden Anfänger ein lockendes Angebot dar, doch es ist dringend notwendig, dass man den Hebeleffekt an die Kontogröße anpasst, um infrage kommenden Verlusten so gut wie möglich entgegenzuwirken. Umso niedriger der Hebel, desto geringer fällt die Wahrscheinlichkeit nicht nur eines potenziellen Gewinns, sondern auch eines drohenden Verlustes aus. Da sich die Lage auf dem Währungsmarkt zu jeder Zeit im Handumdrehen verschlechtern kann, brauchen Sie außerdem einen effektiven Präventionsmechanismus, der Ihre Einnahmen davor schützt. Dabei spricht man von der Schnelligkeitsmethode, die durch eine automatisch angelegte Funktion, wie zum Beispiel "Stop Loss", die Verlustprozentsätze verwalten kann. Es ist allerdings wichtig, darauf hinzuweisen, dass solche Funktionen die Verluste nur noch in Grenzen halten, sie aber nicht komplett vermeiden können. Passen Sie außerdem auf, wenn Sie spontan entstandene Marktlücken bemerken. Sie wirken sich meist negativ auf Ihre Einnahmen aus.

Es ist aber keineswegs ausgeschlossen, dass von Kursrückgängen hervorgerufene Marktlücken manchmal für Gewinne sorgen können, auch, wenn sie geringfügig ausfallen sollten. Es kommt noch die Frage der Risikominimierung bei der Besteuerung Ihrer Daytrading-Einnahmen hinzu. Um Ihre Steuerschuld im Hinblick auf diese besondere Einnahmesituation optimal zu reduzieren, müssen Sie Ihren Gewinn womöglich gering halten. Denn der Gesetzgeber sieht keine Besteuerung für Erträge vor, die unter der Grenze von 801 Euro pro Person liegen. Wer deutlich mehr Geld als 801 Euro mit seiner Beschäftigung verdient, darf mit maximal 25 % inklusive Solidaritätszuschlag und Kirchensteuer rechnen.

Allerdings muss man die Theorie mit der Praxis in Verbindung bringen, indem man die theoretischen Ansätze an einem anschaulichen Praxisbeispiel zu erklären versucht und so für ein besseres Verständnis sorgt. Vorneweg muss man die grundlegenden Voraussetzungen für einen erfolgreichen Trade festlegen. Diese sind: 1. Eine starke Währung, die sich von einer schwachen Währung unzweifelhaft unterscheiden lässt; 2. Nachrichtenquellen mit relevanten wirtschaftlichen News und 3. ein passender Platz auf dem Währungschart, auf dem Sie Ihren Trade eventuell eröffnen könnten. Um mit dem Trade überhaupt beginnen zu können, müssen Sie zuerst feststellen, wie es momentan mit den Kursen der verschiedenen Währungen aussieht. Das lässt sich am leichtesten mithilfe von Anwendungen und Webseiten wie StrongWeak App und finanzen.net erledigen.

Damit die Indikatoren-Trigger aufgezeigt werden können, muss man zuerst einen deutlichen Trend entdecken. Nachdem dieser Schritt vollzogen wurde, lohnt es sich zunächst, eine Pullback-Bewegung abzuwarten. Folgt man dem Prinzip des Ausbruch-Pullbacks, so erhöhen sich die Chancen für einen lukrativen Trade nicht nur auf Käuferseite, sondern auch auf der Seite des Verkäufers. Die Strategie lautet also, sich nicht gleich auf vermeintlich gute "Deals" einzulassen, sondern ein Auge auf die Chartentwicklungen zu behalten und erst dann einen Trade zu eröffnen, wenn sich eine kontinuierliche, deutlich positive Bewegung auf dem Devisenmarkt durchsetzt.

Daraus kann man auf alle Fälle den Vorteil ziehen, dass sich entweder Ihr Verdienst vermehrt oder ein möglicher Verlust abgeschwächt wird. Wie lässt sich aber mit Sicherheit festhalten, was eine starke beziehungsweise schwache Währung ist? Hierbei ist es wichtig, dass man neben den offiziellen Charts auch noch die Sentiment-Lage beachtet, also die Stimmungslage auf dem Markt. Marktrelevante News wiederum können dabei ebenfalls hilfreich sein. Man findet solche ausgewählten Nachrichten und Analysen meist auf Webseiten wie FXStreet und DailyFX, die auch Ticker-Funktionen unterstützen, weil, wie gesagt, die Schnelligkeit der Entscheidungsfindung manchmal entscheidend für den Trade-Erfolg ist.

Nachrichten, die von einflussreichen Fernsehsendern wie CNN stammen, können ebenfalls als zuverlässige Informationsquellen herangezogen werden. Ein essenziell wichtiges Tool für jeden erfahrenen Trader stellt außerdem der Wirtschaftskalender dar. Er ist für die Überwachung von wirtschaftlichen Daten und die Abbildung von Trendwenden nützlich. Jeder Trader muss in kurzer Zeit auf Basis von laufenden Beobachtungen ein Gefühl dafür entwickeln, wann wichtige wirtschaftliche Nachrichten herauskommen. Einen übersichtlichen Forex-Kalender bietet unter anderem etwa Admiral Markets, in dem Informationen über Inflationsraten, Bruttoinlandsprodukte und Verbraucherpreisindizes für die jeweiligen Industrieländer neben allgemeinen Bekanntmachungen angezeigt werden. Manchmal werden die letzten heißen News in der Nacht veröffentlicht, wenn sie aus einer anderen Zeitzone stammen (zum Beispiel ein Bericht über den politischen Deal Trumps mit Kanada, der sich als ein fundamentaler Treiber für die wirtschaftliche Lage in den beiden Ländern erweist). Aus diesem Grund heraus bilden sich meist mindestens zwei Sessions, in denen Trades eröffnet werden. Wenn man sich dem oben erwähnten Beispiel bedient, kann man damit rechnen, dass sich in diesem Fall die zwei Sessions herauskristallisieren – die Washington Session und die Ottawa Session.

Wegen des zeitlichen Abstands, dessen Auswirkungen auf die Ankaufs- und Verkaufspreise auf dem Chart deutlich zu sehen sind, dürfte es einem bei der Entscheidung schwerfallen, wo man seinen Trade abgeben sollte und ob es sich überhaupt lohnt, zu einem relativ späten Zeitpunkt das Risiko einzugehen.

Alle bisher erwähnten Techniken und Strategien des Daytradings werden im Folgenden mithilfe eines konkreten Beispiels veranschaulicht. Am 29.08.2018 ist in der Presse die positive Nachricht erschienen, dass die Europäische Union bereit wäre, dem Vereinigten Königreich eine so starke Partnerschaft zu bieten wie keinem anderen Land – so der Wortlaut des Beauftragten der EU-Kommission für die Verhandlungen zu dem EU-Austritt des Vereinigten Königreiches (Michel Barnier). Wenn in dieser Situation mit US-Dollar und britischem Pfund gehandelt wird, kann derjenige, der an dem Kauf von amerikanischer Währung interessiert ist, stark von der Währungslage der beiden Devisen profitieren. Wer seit langer Zeit die Bewegungen der beiden Währungen überwacht, weiß, dass der Kurs des Dollars zu diesem Zeitpunkt ziemlich schwach war im Vergleich zu dem verstärkten Pfundkurs, der durch die damaligen Erfolge der Brexit-Verhandlungen angekurbelt wurde, obwohl es zu keinem Deal im eigentlichen Sinne gekommen ist. Sonst hat der Kurs des britischen Pfunds vor diesem ausschlaggebenden Ereignis ständig unter den Rückschlägen der unerfolgreich durchgebrachten Brexit-Deals gelitten. Somit ist das eine Entscheidung aus dem Bereich der EU-Politik, deren Auswirkungen sich im Kurs des britischen Pfunds widergespiegelt haben.

Im Forex Trading handelt es sich bei diesem konkreten Beispiel um einen Long Trade. Das bedeutet, der Deal ist durch den Einkauf initiiert mit der Erwartung, in Zukunft zu einem höheren Preis zu verkaufen und auf diese Weise einen Gewinn zu erzielen. Denkt man nun an das vorherige Beispiel mit dem Kanada-Deal, muss man zwischen Long Trades und Short Trades zu unterscheiden vermögen. Hierbei spricht man von einem Short Trade, der durch einen Verkauf vor dem eigentlichen Kauf gekennzeichnet ist, mit der Absicht, die Aktie zu einem niedrigeren Preis zurückzukaufen und davon zu profitieren. Nun zurück zu dem Brexit-Beispiel. In diesem Fall war es für mehrere Trader möglich, einen lukrativen Trade abzugeben, weil sich die Nachricht sehr schnell auf Twitter verbreitet hat, was mittlerweile zu einer sehr beliebten Quelle für marktrelevante News geworden ist – aus dem einfachen Grund, dass die größten Fernsehsender große Aufmerksamkeit auf sozialen Medien generieren und folglich die Social-Media-Plattformen für dieses Ziel einsetzen. Außerdem vernetzen sich die meisten aktiven Daytrader vermehrt auf Twitter.

Ein kostenloser Blog, der ebenfalls für die schnelle Verbreitung von wirtschaftlich relevanten News und sein schnelles Newsfeed bekannt ist, heißt ForexLive, dessen Vorteil außerdem die Live-Quotes-Funktion in Echtzeit ist. Im nächsten Schritt ist nicht zu vernachlässigen, dass man die gelieferten Informationen auf ihre Richtigkeit überprüfen muss, um Verwirrungen und mögliche Kostenverluste zu vermeiden. Mit einem Blick auf den Chart kann man dann das Momentum (die Dynamik) identifizieren und seinen Trade dort positionieren. Wenn man eine deutliche Tendenz erkannt hat, sich aber unsicher wegen der weiteren Chartentwicklung ist, sollte man (je nach Erachten) trotzdem den Trade abgeben, um das Risiko, eine gute Deal-Möglichkeit zu verpassen, gegebenenfalls zu umgehen. Diese Strategie gilt jedoch nur noch für solche Fälle, wie den oben beschriebenen, wo man mit Sicherheit von der extrem positiven Auswirkung einer jeweiligen Bekanntmachung von wirtschaftlicher Relevanz auf den Kurs der interessierenden Währung ausgehen kann.

Daytrading – Vor- und Nachteile im Überblick

Fühlen Sie sich noch unsicher, ob Daytrading das Richtige für Sie ist? Tatsächlich ist Daytrading extrem beliebt und an jeder Ecke wird geraten, mit Daytrading schnelles Einkommen zu erzielen. Es gibt aber natürlich für alles Vor- und Nachteile.

VORTEILE

Daytrading ist in der heutigen Zeit sehr beliebt und das nicht völlig ohne Grund. Beim Daytrading gibt es einige Vorteile, die für das Geschäft an der Börse sprechen. Daytrader umgehen mit ihrem Prinzip zum Beispiel die Finanzierungskosten. Da Sie Positionen noch am selben Tag eröffnen und dann zügig wieder schließen, fallen die Finanzierungskosten weg. Die Finanzierungskosten werden auch Übernachtgebühr bezeichnet und für die Positionen bezahlt, die auch noch nach Börsenschluss gehalten werden.

Die Kosten werden in der Regel prozentual ausgerechnet, das heißt, je höher die gehandelten Volumina sind, desto höher sind auch die Finanzierungskosten. Behält man eine Position über das Wochenende, verdreifachen sich die Gebühren sogar. Für Daytrader fallen diese Gebühren jedoch komplett weg, da sie ihre Positionen noch am selben Tag wieder schließen. Auch Gaps stellen für Daytrader kein Problem mehr dar. Daytrader werden nicht mit einem hohen Verlustrisiko konfrontiert. Das Verlustrisiko entsteht durch sogenannte Gaps. Nicht selten kommt es dazu, dass zur Eröffnung der Börse ein Kurs einen großen Sprung nach oben oder eben nach unten macht.

Wenn in der Nacht bedeutende Nachrichten veröffentlicht wurden, kann das enormen Einfluss auf die Entwicklung der Kurse haben. Dadurch, dass die Börse in der Nacht geschlossen und außer Betrieb ist, werden die Kursveränderungen mit einer großen Lücke deutlich visualisiert, mit der Gap. Daytrader umgehen auch dieses Risiko, da sie, wie zuvor gesagt, am gleichen Tag ihre Positionen schließen und neue Positionen erst am Morgen innerhalb der Öffnungszeiten der Börse eröffnen.

Auch der psychische Aspekt spricht für das Daytrading. Trader warten nicht lange auf einen Abschluss einer Position, sie erhalten schneller Ergebnisse und können dementsprechend in der Nacht besser schlafen. Sie machen sich einfach weniger Gedanken um den Verlauf der Positionen. Wer als selbstständiger Trader starten möchte, kann auf diese Weise sogar ein geregeltes Arbeitsleben führen. Morgens zur Eröffnung der Börse würde der Arbeitstag dementsprechend beginnen und am Abend nach der Schließung hätten Sie in Ruhe Feierabend.

Beim Forex Trading können Daytrader ihrer Berufung ständig nachgehen. Im Gegensatz zum Handel mit Aktien oder anderen Finanzinstrumenten ist man beim Forex Trading nicht wirklich an einen Börsenschluss gebunden. Daytrader können sich in diesem Fall die Märkte aussuchen. Dank der Zeitverschiebung aufgrund der verschiedenen Zeitzonen ist es den Tradern, die mit Währungen handeln, möglich, den Handel theoretisch 24 Stunden am Tag zu betätigen. Tagsüber können Sie sich an US-amerikanischen und europäischen Börsen tummeln und in der Nacht oder am frühen Morgen können Sie sich an den australischen und asiatischen Börsen beteiligen. Das sollten Sie allerdings nur machen, wenn Ihre Strategie es Ihnen erlaubt.

NACHTEILE

Daytrading bringt jedoch nicht nur Vorteile mit sich. Auch sind die Nachteile in diesem Business nicht zu unterschätzen. Erfahrene Trader wissen natürlich, welche Vor- und Nachteile dieses Geschäft mit sich bringt. Diese können zudem auch sehr vielfältig und umfangreich sein. Lassen Sie sich deshalb nicht von den Vorteilen ablenken. Wer schnelles Geld verdienen will, muss auch mit diversen Nachteilen rechnen. Viele Anfänger schreckt das hohe Verlustrisiko ab. Gerade unerfahrene Anfänger sollten sich immer stets bewusst sein, dass beim Daytrading die

Zeitperiode für eine Kursumkehr aufgrund von falschen Voraussagungen extrem kurz ist. Dadurch kann ein sehr hohes Verlustrisiko entstehen. Für Daytrader gilt deshalb immer: Je kürzer die Phase, also das Zeitfenster, ist, desto präziser und zuverlässiger muss auch die Vorhersage sein.

Einen hohen Schaden bergen auch die Handelsgebühren für den Daytrader. Die Rendite eines Traders hängt nämlich auch davon ab, welche Gebühren berechnet werden, wie hoch diese sind und wie sie berechnet werden. Aus diesem Grund sollten Trader sich einen sehr guten Broker suchen, der die passenden Konditionen anbietet. Sie berechnen die Kommissionen oder auch die Provisionen und sind daher für jeden Daytrader sehr empfehlenswert. Spreads können ebenso einen Großteil des Gewinns vernichten, weshalb Daytrader davon Abstand halten sollten.

Daytrader müssen außerdem beachten, dass Sie ständig den Verlauf ihrer Positionen beobachten müssen. Sie müssen also andauernd am Computer sein und den Kursverlauf ständig im Blick haben. Wieso? Damit sie den perfekten Ausstieg nicht verpassen. Wenn die Volatilität besonders hoch ist, kann das Beobachten zu einem großen Zeitaufwand und einem hohen Stressfaktor führen. Wenn die Volatilität allerdings sehr gering ist, dann ist natürlich genau das Gegenteil angesagt. Der Daytrader wird sich vermutlich langweilen. Die ständige Präsenz kann sehr anstrengend sein, dieser ist nicht jeder Trader auf Dauer gewachsen.

WER EIGNET SICH ALS DAYTRADER?

Nicht jeder Trader eignet sich auch als Daytrader. Vielen Tradern reicht der übliche Handel vollkommen aus, doch manche wollen auch einfach mehr. Sie wollen Daytrader werden, doch dafür benötigen sie ein hohes Maß an Wissen und Erfahrung. Auch sollten sie schon über eine geeignete Handelsstrategie verfügen, die sich auf das Daytrading übertragen lässt. Erfahrene Trader haben also sehr gute Chancen, auch als Daytrader durchzustarten. Bis einige den Schritt wirklich gehen, vergehen gerne einmal ein paar Jahre.

Natürlich kann man Daytrading auch nur als Hobby ansehen. Möglicherweise suchen manche Menschen einfach nur nach dem Feierabend den einen oder anderen Nervenkitzel. Dennoch sollten Trader, die Daytrading nur als Hobby verfolgen wollen, auch ein gewisses Grundwissen zum Börsenhandel mitbringen. Auch sollten sie keine Angst davor haben, Verluste einzufahren, denn das gehört nun einmal zu diesem Geschäft dazu. Als Hobby-Trader hat man möglicherweise wesentlich mehr Spaß an der Sache, da man sich fühlt, als wäre man im Casino.

Hat man nicht allzu viel Zeit, um den Handel an der Börse zu betreiben und regelmäßig den Kursverlauf der Position, die man eröffnet hat, zu beobachten, ist Daytrading womöglich auch eine gute Alternative. Im Gegensatz zum normalen Trading passiert Daytrading innerhalb weniger Stunden, wodurch sich der Zeitaufwand extrem verringert. Die Positionen werden nämlich kurzzeitig eröffnet und nach nicht allzu langer Zeit auch schon wieder geschlossen. Daher eignet sich das Daytrading ideal zur Aufstockung des Gehalts oder zur Entspannung nach dem Feierabend.

Bringen Trader ein hohes Kapital und viel Erfahrung mit, können sie alle Vorteile nutzen, die Daytrading anbietet. Der Profit kann dabei sehr hoch sein. Hohe Trading-Gebühren oder andere Dinge können einen kaum unter Druck setzen. Auch temporäre Verluste zwischendurch sind mit einem hohen Startkapital definitiv kein Grund zur Panik. Hat man ein paar Positionen eröffnet und bringen diese einen sehr hohen Gewinn ein, kann man aufgrund des hohen Handelsvolumens diesen Gewinn als äußerst rentabel bezeichnen.

Money Management

Das Money Management ist eine Anlagestrategie im Wertpapierhandel. Ziel ist es, das Risiko eines Depots zu senken. Dabei enthält jedes Wertpapier im Depot eine maximale Positionsgröße. Steigt der Kurs über diese Positionsgröße, muss der Überschuss verkauft werden. Je nach Risiko wird eine hohe oder eine niedrige Positionsgröße festgelegt.

Die Kontrolle des Geldes spielt beim Money Management also eine sehr wichtige Rolle. Hat man sich erst einmal eine Strategie zusammengestellt, mit der man den Markt erobern möchte, muss man darauf achten, dass man das Kapital, welches einem zur Verfügung steht, perfekt mit der Strategie vereint. Das Kapital sollte also gezielt eingesetzt werden. Mithilfe des Money Managements soll verhindert werden, dass Daytrader ihr Geld unnötig falsch einsetzen. Das kann natürlich passieren, wenn der Trader seine Strategie nicht richtig verfolgt oder er sich emotional leiten lässt. Das führt oft zu schweren Verlusten. Zudem vergessen Trader ohne Money Management häufig die Bildung von Rücklagen. In manchen Momenten sind nämlich gerade die Rücklagen von sehr großer Bedeutung. Handelt der Trader nur aus dem Gefühl heraus, ignoriert er seine Trading-Strategie. Dieses Vorgehen erinnert Sie vermutlich eher an Glücksspiel.

Doch worauf kommt es beim Money Management an? Will man ein gutes Money Management betreiben, ist es sehr wichtig, dass man realistisch bleibt. Erfolgversprechend sind in diesem Fall die Positionen, die kleinere Beträge abwerfen. Schafft man es, kontinuierlich Gewinne mit kleineren Beträgen zu erzielen, hat man gute Chancen, dass die möglichen Verluste nicht so hoch ausfallen.

Wenn Trader in einer gewissen Phase keinen guten Trend bemerken, werden sie oft ungeduldig und fangen an, zu spekulieren. Sie spekulieren dann auf irgendeinen Basiswert. Diese Spekulation führt sie jedoch nicht zum Erfolg. Verspüren manche Trader eine gewisse

Langeweile, handeln sie in den meisten Fällen ebenso unüberlegt. Sie sollten sich daher immer vor Augen halten, dass es sich beim Daytrading um echtes Geld handelt, sodass der Spaß, die Langeweile oder ein anderer unsinniger Faktor nicht im Vordergrund stehen sollte. Das Money Management ist demnach eine der wichtigsten Strategien an der Börse, um das Risiko zu minimieren und Erfolg an der Börse zu haben.

Wer erfolgreich handeln will, sollte sich die richtige Strategie zulegen. Die Strategie ist die Basis eines erfolgreichen Traders. Sie sollte in jedem Moment seiner Karriere eingehalten werden. Wenn eine Unsicherheit besteht und man zweifelt, ob eine Order zur ausgewählten Strategie passt, sollte man doch besser abwarten und eine kurze Pause einlegen. Nach kurzer Ruhepause kann man wieder völlig erholt in das Daytrading einsteigen.

Beim Daytrading gibt es unzählige Strategien, nach denen man sich richten kann. Allerdings muss bei jeder Strategie darauf geachtet werden, dass man das eigene Kapital nicht zu sehr unter Druck setzt. Das Budget ist sehr wichtig, um auch noch in Zukunft aktiv handeln zu können. Erfahrene Trader oder Trader, die schon lange in diesem Business tätig sind, haben schon einige Erfahrungen mit dem Money Management sammeln können. Die Anfänger sind jedoch häufig sehr überfordert mit der ganzen Situation. Die meisten Neulinge wissen nämlich nicht, wie man vorgehen soll und auf welche Besonderheiten man achten muss. Damit das Budget dauerhaft stabil gehalten wird, ist das Money Management ein wichtiger Faktor. Bei diesem Prinzip gibt es allerdings auch einige Regeln zu beachten und es sollten diverse Analyseverfahren mit dem Money Management kombiniert werden. Nur so kann man die Erfolge für sich nutzen.

Money Management bedeutet eigentlich nichts anderes als die ideale Einteilung und Investition des eigenen Kapitals. Auch dieses Vorgehen benötigt eine passende und geeignete Strategie, die gut überlegt sein sollte. Die meisten Trader tätigen nicht einmal einen großen Kapitaleinsatz, wenn sie auf eine Aktie setzen. Sie achten allerdings vielmehr auf die richtige Einteilung des Kapitals, wenn sie handeln. Auch mit den

Verlusten muss gut umgegangen werden. Das Ziel eines Trades sollte nämlich sein, den Verlust so gut es geht einzugrenzen, um nach ein paar Fehlversuchen immer noch genug Kapital für weitere Versuche zu haben. Zu dieser Strategie gesellt sich zudem auch das Risikomanagement. Eigentlich hat doch jeder das Ziel, möglichst viel Gewinn zu erwirtschaften und sein Geld stetig zu vermehren. Das ist allerdings nur dann möglich, wenn man seine Verluste den Gewinnen gegenüberstellt. Das Ziel des Money Managements ist also das Vermehren des Gewinns sowie die größtmögliche Vermeidung von Verlusten. Leider ist es jedoch so, dass sich die beiden Komponenten gegenseitig beeinflussen, das heißt, man muss klug handeln. Wer gut handelt, der kann sich auf eine höhere Gesamteinnahmequelle freuen.

Wie schon erwähnt, gibt es auch beim Money Management verschiedene Strategien. In diesem Ratgeber wollen wir Ihnen drei Methoden vorstellen. Die Core Equity Method, die Total Equity Method und die Adaptive Core Equity Method sollten jedem Daytrader ein Begriff sein. Bei der Core Equity Method handelt es sich um die Betrachtungsweise. Jeder eröffneten Position wird ein Betrag zugewiesen. Dieser Betrag wird dann vom Gesamtkapital abgezogen. Diese Methode ist auch unter dem Namen Kernkapital-Methode bekannt. Sie wird häufig auf dem Markt verwendet. Bei der Total Equity Method, also der Gesamtkapital-Methode, wird das gesamte zur Verfügung stehende Kapital zum Spekulationskapital gezählt. Es wird also kein Unterschied gemacht. Bei der zweiten Methode würde demnach mehr Geld für das Daytrading bereitstehen. Die Adaptive Core Equity Method ist eine Mischung aus den ersten beiden Methoden. Diese Verbindung verlangt nach einer Kapitalzuweisung. Anschließend wird sie dem erhöhten oder dem verminderten Risiko angepasst.

Das sind jedoch noch lange nicht alle Möglichkeiten, um sein Kapital so sicher wie möglich zu machen. Es gibt noch viele weitere Möglichkeiten, um den eigenen Einsatz verändert in Aktien einzusetzen. Bei der Martingale-Strategie zum Beispiel wird das Kapital mit einem höheren Risiko eingesetzt. Die Einlage wird quasi nach jedem Verlust vermehrt. Dabei steigt zwar das Risiko, doch auch der Gewinn vermehrt sich dadurch. Die Erwartungen steigen bei dieser Methode enorm, sodass man Ergebnisse erwartet, die in keinem Fall entmutigen sollen. Auch wenn der Gewinn bei dieser Methode höher ausfällt, kann es sein, dass durch das Chance-Risiko-Verhältnis das Ergebnis schlechter ausfällt. Doch gerade Anfänger müssen zu Beginn wesentlich höhere Verluste einstecken. Die meisten Trades müssen anfangs abgebrochen werden, dieser Vorgang kann nicht nur schmerzhaft sein, es kann auch noch das ganze Kapital auf den Kopf stellen.

Dennoch gibt es noch weitere Ansätze, die das Money Management unterstützen und zum Erfolg führen können. Nach einer Reihe von Gewinnen oder einer Reihe von Verlusten kann der Einsatz einfach erhöht oder eben vermindert werden, das Gewinner- und Verlierer-Modell. Auch kann zum Beispiel ein fester Betrag festgelegt werden, der pro Trade ausgegeben werden darf. Allerdings muss man strikt darauf achten, dass dieser Betrag nicht überstiegen wird. Außerdem können mithilfe der technischen Analyse steigende Tendenzen wahrgenommen werden. Hat man diese Werte vor Augen und erkennt man einen klaren aufsteigenden Trend, dann sollte man schleunigst handeln. Sie merken schon, es gibt viele Methoden, um sein Kapital sicher zu verteilen und hohe Verluste zu vermeiden.

Daytrading Psychologie

Sie haben nun schon einige Faktoren kennengelernt, auf die es beim Daytrading ankommt. Es kommt zum einen auf die passende Strategie und auf das perfekte Money Management an. Doch ein Punkt wurde in diesem Ratgeber nur sehr knapp angesprochen, die Psyche. Jeder Daytrader sollte sich vermehrt auf die technischen Abschnitte konzentrieren, auf die Fakten und auf die verschiedenen Strategien. Sie wollen so schnell wie möglich alle nützlichen Indikatoren, Setups und Fachbegriffe lernen. Natürlich ist es keineswegs falsch, sich das fachliche Wissen anzueignen. Man sollte sich sogar ständig fortbilden, weil man in diesem Business einfach nie auslernt. Doch sich viele dicke Bücher über das Daytrading durchzulesen und unzählige Seminare zu besuchen, all das reicht einfach nicht aus, um ein erfolgreicher Daytrader zu werden.

Hat man sich genug Wissen über das Handeln an der Börse angeeignet, kommt nach einer Zeit das Geldmanagement hinzu. Auch dieser Faktor spielt beim Handeln eine sehr große Rolle. Man versucht, das Risiko richtig einzuschätzen und dementsprechend den Verlust des Kapitals so niedrig zu halten, wie es nur geht.

Doch es gibt noch einen anderen Grund, der dazu führt, dass man ein erfolgreicher Daytrader wird. Sie wollen wissen, was einen Daytrader so erfolgreich macht? Sie werden gleich vermutlich schmunzeln oder es sogar gar nicht erst glauben, aber ein Daytrader ist erfolgreich, sobald er das mentale Spiel beherrscht. Manche behaupten sogar, dass der Erfolg im Daytrading zu 80 % von der Psyche abhängt. Doch wie kann das sein? Wie sehr beeinflusst unsere Psyche unser Daytrading?

Doch eigentlich ist es völlig egal, ob man ein guter oder ein schlechter Daytrader ist. Manchmal kommt man in den Genuss einer Reihe von gewinnbringenden Handelsaktivitäten. Es läuft alles gut, man macht das Geschäft seines Lebens. Wenn ein Daytrader so eine Phase durchlebt, in der einfach alles funktioniert, was er sich vorgenommen hat, nennt man diese Phase des psychischen Zustandes das Jesus-Syndrom. Der Daytrader fühlt sich eben so, als könne er übers Wasser gehen.

Der Daytrader ist in diesem Zustand sehr von sich überzeugt. Er ist von seinen Weisheiten überzeugt und glaubt fest daran, dass diese lohnenswerte Phase nie vorübergehen wird. Der Daytrader ist der festen Überzeugung, seine Strategie und somit einen lang anhaltenden Gewinn auf dem Markt gefunden zu haben. Allerdings fängt er parallel zu diesen Gedanken an, ein wenig nachzulassen. Er lässt sich gehen und verfolgt die eigenen Regeln nicht mehr so streng, weil er sich in allem zu sicher ist. Was daraufhin schief gehen kann? So gut wie alles!

Wir haben Sie schon vorher gewarnt, dass die Psyche eine wichtige Rolle im Daytrading spielt. Wenn Sie jetzt immer noch nicht daran glauben, dann liegt das an Ihnen. Doch Sie sollten niemals voreilig handeln und die Psychologie im Daytrading als einfach abstempeln, denn dann gehen die Handelsergebnisse meistens schief. Experten sagen sogar, dass es durchaus das Schlimmste sein kann, wenn ein Daytrader gleich zu Beginn seiner Karriere nur Erfolg verzeichnet. Wieso? Es mag für Sie vielleicht komisch klingen, aber versetzen Sie sich doch einmal in die Lage des erfolgreichen Anfängers. Sie erwirtschaften die ersten drei Monate so viel Geld an der Börse, dass Sie das Gefühl haben, Sie kann nichts mehr aufhalten. Sie haben nicht einmal mehr Respekt vor dem Markt und das führt früher oder später zum finanziellen Ruin. Viele Daytrader haben den Respekt verloren, als sie ihren Höhenflug erlebt haben. Ging das Geschäft nach einiger Zeit dann einmal nicht gut, hatten sie das Gefühl, als müssten sie sich am Markt rächen.

Es kann ja einmal vorkommen, dass Sie den ganzen Tag gehandelt haben. Sie haben lange vor den Bildschirmen gesessen und das Geschehen beobachtet. Trotz Ihrer Anwesenheit kann allerdings immer einmal etwas schiefgehen. Die Regeln haben Sie alle eingehalten, doch der Markt war allerdings einmal gegen Sie. Der Markt kann aber nichts dafür, er hat ja schließlich keine Persönlichkeit. Der Markt verhält sich eben so, wie er es tut. Jedoch bilden sich viele Händler einen Kampf ein – einen Kampf zwischen den Händlern und dem Markt an sich.

Wenn ein Händler schon so weit ist und an Rache denkt, ist er kurz davor, einen schweren Fehler zu begehen. Er handelt mit Positionen, die außerhalb seiner Strategie sind, und das alles nur, um sich an dem Markt zu rächen.

Wenn Sie eine Reizung gegenüber des Marktes beobachten, sollten Sie für ein paar Stunden den Bildschirm ausmachen und sich ein wenig von dem Handel entfernen. Machen Sie keine unüberlegten Sachen, schließlich ist am nächsten Tag wieder ein neuer Handelstag.

Wenn Sie merken, dass Sie nervös werden, Sie mit Ihren nassen Händen nur noch von der Tastatur abrutschen oder Sie den Schweiß auf der Stirn spüren, sollten Sie ebenfalls eine Pause vom Daytrading machen. Bemerken Sie diese Symptome, ist Ihr Adrenalinspiegel erhöht. Der übermäßige Adrenalinausstoß findet normalerweise dann statt, wenn Sie einen großen Fisch an der Angel haben und der Auftrag großen Einfluss auf Ihr Gesamtkapital haben wird.

Ist Ihr Adrenalinspiegel erst einmal erhöht, interpretiert Ihr Körper diese Situation als Gefahr. Ihr Körper geht also davon aus, als müssten Sie um Ihr Leben kämpfen. Das kann zum Beispiel dann sein, wenn Sie einen Trade getätigt haben, bei dem es sein kann, dass er nach Abschluss einen großen Verlust des Handelskapitals bedeutet.

Sollten Sie andauernd dieses Gefühl der Nervosität oder allgemein einen hohen Adrenalinspiegel haben, kann das bedeuten, dass Sie viel zu hohe Risiken in Ihrem Handel eingehen. Ein Handel, mit einer ausgearbeiteten Strategie sollte alles andere als nervenaufreibend und aufregend sein. Adrenalinschübe deuten auf Glücksspiel hin. Beim Daytrading allerdings sollte einer soliden Arbeitsweise nachgegangen werden. Diese Arbeitsweise sollten Sie pro Handel ständig wiederholen. Natürlich sollte darauf geachtet werden, dass dabei nur ein geringes Risiko eingegangen wird. Auf lange Sicht erzielt man nämlich so ein viel besseres Ergebnis mit Daytrading. Mit einer sinnvollen und disziplinierten Arbeitsweise können Sie objektiv, sachlich und mit weniger Risiko auf mehrere Handelsaktivitäten eingehen, auch, wenn die Geschäfte immer wieder in die falsche Richtung zeigen.

Wenn Sie lange handeln wollen, sollten Sie immer Ihre Gesundheit berücksichtigen, auch Ihre psychische Gesundheit. Hilfreich ist es in diesem Fall vielleicht auch, sich ein Handelsjournal anzufertigen und über die vergangenen Geschäfte zu berichten. Schreiben Sie Ihre Gefühle klar und deutlich auf. Wie haben Sie sich bei jedem einzelnen Trade gefühlt? Waren Sie sehr ungeduldig und haben Sie dementsprechend nur vermutet, ob oder wie sich ein Markt verändern könnte? Haben Sie vielleicht einen Handel aus Frust angenommen? Diese und noch viele weitere Fragen können Sie im Handelsjournal festhalten.

Wenn Sie sich diese Gefühle notiert haben, verschafft Ihnen das einen detaillierten Überblick darüber, ob oder wie oft Sie in eine emotionale Falle geraten sind. Vielleicht können Sie anhand dieser Aufzeichnungen auch feststellen, wann genau Sie ungeduldig geworden sind und emotional gehandelt haben. Auf jeden Fall ist unsere Psyche sehr speziell und diese Tipps sind vermutlich einfacher gesagt als getan.

Versuchen Sie daher, eine Daytrading-Strategie zu entwickeln, die zulässt, dass Ihre Emotionen während des Daytradings so ruhig wie möglich bleiben. Zweifel, Rache, Ungeduld und andere negative Emotionen sollten Ihre schlimmsten Feinde sein und in jedem Fall beim Daytrading vermieden werden. Je mehr Sie diese negativen Gefühle ignorieren, desto erfolgreicher und disziplinierter werden Sie handeln.

Dennoch gibt es einen größeren Feind – die Angst. Wer Angst hat, entscheidet sich meistens für das Falsche, das heißt, man verliert. Das bedeutet beim Trading natürlich immer ein hoher Verlust. Doch wie bekommen Sie Ihre Angst in den Griff? Wie lernen Sie, ausgeglichen zu sein, und wie lernt man, sich zu konzentrieren? Börsenerfolg ist also die Folge kontrollierten Daytradings. Doch nicht nur die Psyche trägt zum Erfolg eines Traders bei. Zuerst sollten Sie sich einmal ernsthaft darüber Gedanken machen, ob Sie es wirklich wollen. Wenn man es nämlich wirklich will, es also versucht und auch richtig macht, kann man ebenso im Daytrading gewinnen.

Es gibt neben der Psyche noch weitere Faktoren, die einen Trader auf Dauer zum Gewinner machen. Wenn Sie das Daytrading als eine Art Job sehen, werden Sie sich mit Sicherheit noch mehr motivieren. Geben Sie sich Mühe und verfolgen Sie Ihren Traum langfristig.

Außerdem sollten Sie nicht klüger als der Markt selbst sein. Der Markt wird immer Recht behalten. Selbst, wenn es so scheint, als würde eine Aktie steigen, seien Sie immer darauf gefasst, dass die Mehrheit des Marktes anderer Meinung ist. Zu viel Selbstvertrauen kann das Konto sehr schnell minimieren.

Die Märkte ändern sich ständig. Aus diesem Grund sollten Sie regelmäßig Ihre Strategie den Veränderungen anpassen. Passen Sie sich an, kontrollieren Sie Ihre Strategie und hinterfragen Sie diese. Sie sollten bei all den Bedingungen immer bereit sein, etwas zu lernen und Zeit zu investieren. Daytrading ist ein sehr komplexes Thema, welches sich nicht innerhalb von ein paar Tagen aneignen lässt.

Wichtige Fachbegriffe

- **Abwertung** – Eine Abwertung ist der Wertefall einer Währung. Dies erfolgt stets im Vergleich mit einer anderen Währung.

- **Ask** – Der Ask ist ein Wechselkurs, er wird auch Briefkurs genannt.

- **Break Even** – Der Break Even ist eine Gewinnschwelle, an dem Erlös und Kosten plus/minus Null sind. Es wird also weder Gewinn noch Verlust gemacht.

- **Buchgewinn/Buchverlust** – Der Buchgewinn ist ein realisierter Gewinn oder eben Verlust aus offenen Positionen.

- **Call** – Long gehen, eine Möglichkeit auf zunehmende Kurse. Es ist das Gegenteil von Put.

- **CFD** – Contracts for Difference, zu Deutsch Differenzkontrakt. Es handelt sich um ein Derivat, dessen Wert oder besser gesagt dessen Wertentwicklung von der Entwicklung eines Basiswertes abhängt.

- **Drawdown** – Ein Rückgang des Kapitals als Folge von Verlusten in einem Konto; kurzzeitige Phase des Verlustes innerhalb einer Strategie.

- **Hebelprodukt** – Ein Derivat, welches überproportional an den Kursbewegungen des Basiswertes partizipiert.

- **Limit-Order** – Ein Auftrag, der erst ausgeführt werden kann, wenn der Preis unter bzw. über einer bestimmten Marke notiert wird.

- **Long** – Position in einer Währung, mit der auf eine Aufwertung spekuliert wird; Gegenteil von Short.

- **Margin** – Sicherheitseinlage bei einem Broker, die nötig ist, um handeln zu können.
- **Momentum** – Dieser Indikator erlaubt Aussagen über eine Trendrichtung und die Trendgeschwindigkeit eines Marktes.

- **Pip** – Vierte Nachkommastelle und kleinste Bewegung eines Wechselkurses.

- **Pivot Punkte** – Indikatoren, um Unterstützungen und Widerstände ausfindig zu machen, die visuell fast nicht zu erkennen sind.

- **Profit and Loss** – Unrealisierte Gewinne und Verluste aus offenen Positionen.

- **Put** – Option auf fallende Kurse.

- **Spread** – Differenz zwischen Geld- und Briefkurs.

- **Stop-Order** – Auftrag, der nur dann ausgeführt werden kann, wenn der Preis über einer bestimmten Marke notiert ist oder unter eine gewisse Marke fällt.

- **Termingeschäft** – Handeln von Devisen per Termin.

- **Volatilität** – Es wird die Schwankungsbreite des Marktes gemessen. Perfekt geeignet als Risikoindikator.

Schluss

Wir hoffen, Ihnen hat dieser Ratgeber geholfen und Sie konnten einen groben Einblick in das Thema Daytrading bekommen. Anfänger, die sich von der Börse magisch angezogen fühlen, behalten hoffentlich die Disziplin, um erfolgreich als Daytrader durchzustarten. Das Thema Daytrading ist auf alle Fälle sehr interessant. Man beobachtet den Markt auf jedes kleinste Detail, damit man täglich einen Gewinn erwirtschaften kann.

Doch das ist nicht so einfach. Der normale Markt an der Börse ist das Spielfeld für die Profis und um an dieses Niveau heranzukommen, muss man sich einfach ins Zeug legen. Weltweit gibt es Trader, die an den Börsen handeln. Sie eröffnen ständig neue Positionen, schließen diese nach kurzer Zeit wieder, und das mit den unterschiedlichsten Strategien. Jeder Trader versucht, sich seinen eigenen Profit aus den Marktbewegungen zu holen, doch mittlerweile herrscht eine extreme Konkurrenzsituation. Immer mehr normale Trader wollen in das Daytrading-Geschäft einsteigen und ihr Können eben dort unter Beweis stellen.

Auf Knopfdruck reich werden, so sollte es sein, das ist es aber definitiv nicht. Wir hoffen, wir konnten Ihnen das Allgemeinwissen rund um das Thema Börse, den Beruf eines Daytraders, die verschiedenen Strategien, die Risikofaktoren, die typischen Anfängerfehler, den Trading-Plan und andere spannende Information zum Thema Daytrading näherbringen. Der Handel an der Börse ist nämlich alles andere als einfach. Es ist der womöglich schwierigste Beruf weltweit, da es sehr viele Indikatoren gibt, die die Märkte beeinflussen können – ein wahres Haifischbecken, in dem Sie sich befinden, wenn Sie ohne Erfahrung oder Wissen als Daytrader an der Börse starten wollen. Sie werden zwischen den professionellen Tradern und den unendlich vielen Investoren stehen und zusehen, mit welchen Technologien, Informationen und Verbindungen diese arbeiten.

Es ist eben ihr Beruf und sie erledigen das mit voller Leidenschaft. Auch diese Profis mussten früher einmal klein anfangen und ihr erstes Geld über ein Demokonto verlieren. Jeder Daytrader wird am Anfang seiner Karriere Lehrgeld bezahlen müssen, auch wenn man sich vorher an einem Demokonto probieren konnte. Der echte Markt ist immer noch anders als der künstliche Markt. Jedoch bietet das den perfekten Einstieg in die Welt der Börse. Erste Erfahrungen können gesammelt, es kann ein eigener Trading-Plan erstellt und es kann sich schon einmal nach geeigneten Trading-Strategien umgeschaut werden. Das kann alles sehr nervig und zeitaufwendig sein, aber es sind wirklich notwendige Mittel, um als Daytrader erfolgreich zu sein. Es ist nicht verkehrt, sich Zeit zu lassen und in kleinen Schritten auf das große Geld zuzugehen. Daytrading bedeutet Zeit, Geduld und jede Menge Disziplin.

Notizen

Gerade als Einsteiger verliert man bei so einer Informationsflut schnell den Überblick. Doch meistens hat man keinen Block oder Zettel dabei, um sich etwas zu notieren. Ist man zuhause, hat man es oft schon wieder vergessen. Deswegen sehe ich es als sehr sinnvoll, Ihnen ein paar Notiz-Seiten bereitzustellen. So werden Sie nichts mehr vergessen!

AKTIE, CFD, ETF, WÄHRUNG	EINSTIEGSZEIT (DATUM UND UHRZEIT)	AUSSTIEGSZEIT (DATUM UND UHRZEIT)	KURSLEVEL (EINSTIEG)	KURSLEVEL (AUSSTIEG)	ANGEWENDETE STRATEGIE	KOMMENTARE

PLATZ FÜR NOTIZEN:

AKTIE, CFD, ETF, WÄHRUNG	EINSTIEGSZEIT (DATUM UND UHRZEIT)	AUSSTIEGSZEIT (DATUM UND UHRZEIT)	KURSLEVEL (EINSTIEG)	KURSLEVEL (AUSSTIEG)	ANGEWENDETE STRATEGIE	KOMMENTARE

PLATZ FÜR NOTIZEN:

AKTIE, CFD, ETF, WÄH-RUNG	EINSTIEGS-ZEIT (DA-TUM UND UHRZEIT)	AUSSTIEGS-ZEIT (DA-TUM UND UHRZEIT)	KURSLE-VEL (EIN-STIEG)	KURSLE-VEL (AUS-STIEG)	ANGE-WENDETE STRATE-GIE	KOM-MEN-TARE

PLATZ FÜR NOTIZEN:

____

____

____

____

____

____

____

____

____

Wir danken Ihnen für Ihr Interesse und Ihr Vertrauen. Als Dankeschön dafür, haben wir eine besondere Überraschung. Wir haben einen **ultimativen Leitfaden für Einsteiger ins Aktien- und Börsengeschäft** für Sie. Und dieses erhalten Sie vollkommen kostenlos. Das klingt wunderbar? Dann warten Sie nicht lange und holen Sie sich Ihr Gratis-Geschenk.

Hier geht es zu Ihrem Gratis-Geschenk:

https://forms.gle/gduy3doWN5ejuaub9

1. **Öffnen Sie die Kamera-App auf Ihrem Smartphone und richten Sie die Kamera auf den QR-Code.**
2. **Klicken Sie auf den Link, der Ihnen angezeigt wird und schon werden Sie zur Website weitergeleitet.**

Impressum

Herausgeber: Pegoa Global Media GmbH / Am Sandtorkai 27 / 20457 Hamburg
Kontakt: kontakt@pegoamedia.de
Coverbild: Shutterstock

Haftungsausschluss:
Die Nutzung dieses Buches und die Umsetzung der enthaltenen Informationen, Anleitungen und Strategien erfolgt auf eigenes Risiko. Der Autor kann für etwaige Schäden jeglicher Art aus keinem Rechtsgrund eine Haftung übernehmen. Haftungsansprüche gegen den Autor für Schäden materieller oder ideeller Art, die durch die Nutzung oder Nichtnutzung der Informationen bzw. durch die Nutzung fehlerhafter und/oder unvollständiger Informationen verursacht wurden, sind grundsätzlich ausgeschlossen. Rechts- und Schadenersatzansprüche sind daher ausgeschlossen. Dieses Werk wurde sorgfältig erarbeitet und niedergeschrieben. Der Autor übernimmt jedoch keinerlei Gewähr für die Aktualität, Vollständigkeit und Qualität der Informationen. Druckfehler und Falschinformationen können nicht vollständig ausgeschlossen werden. Es kann keine juristische Verantwortung sowie Haftung in irgendeiner Form für fehlerhafte Angaben vom Autor übernommen werden. Die bereitgestellten Analysen, Vorschläge, Ideen, Meinungen, Kommentare und Texte sind ausschließlich zur Information bestimmt und können ein individuelles Beratungsgespräch nicht ersetzen. Alle Informationen dieses Buches entsprechen dem Kenntnisstand zum Zeitpunkt des Verfassens dieses Buches. Eine Haftung für mittelbare und unmittelbare Folgen aus den Informationen dieses Buches ist somit ausgeschlossen.
Informieren Sie sich weitläufig aus unterschiedlichen Quellen und bedenken Sie, dass am Ende nur Sie für die Entscheidungen verantwortlich sind.

Urheberrecht:
Das Werk einschließlich aller Inhalte, wie Informationen, Strategien und Tipps ist urheberrechtlich geschützt. Alle Rechte vorbehalten. Nachdruck oder Reproduktion (auch auszugsweise) in irgendeiner Form (Druck, Fotokopie oder anderes Verfahren) sowie die Einspeicherung, Verarbeitung, Vervielfältigung und Verbreitung mithilfe elektronischer Systeme jeglicher Art, gesamt oder auszugsweise, ist ohne ausdrückliche schriftliche Genehmigung des Autors untersagt. Die Inhalte dürfen keinesfalls veröffentlicht werden. Bei Missachtung werden rechtliche Schritte eingeleitet.

Haftung für externe Links:
Unser Angebot enthält Links zu externen Websites Dritter, auf deren Inhalte wir keinen Einfluss haben. Deshalb können wir für diese fremden Inhalte auch keine Gewähr übernehmen. Für die Inhalte der verlinkten Seiten ist stets der jeweilige Anbieter oder Betreiber der Seiten verantwortlich. Die verlinkten Seiten wurden zum Zeitpunkt der Verlinkung auf mögliche Rechtsverstöße überprüft. Rechtswidrige Inhalte waren zum Zeit-punkt der Verlinkung nicht erkennbar.